LA VILLA PALMIERI,

PAR

ALEXANDRE DUMAS.

TOME PREMIER.

PARIS.
DOLIN, LIBRAIRE-COMMISSIONNAIRE,
QUAI DES AUGUSTINS, 47.

1843.

LA

VILLA PALMIERI.

Extrait du Catalogue de DOLIN, Libraire.

LIVRES DE FONDS.

ALEXANDRE DUMAS.

	fr. c.	fr. c.
JEHANNE LA PUCELLE, 1 vol. in-8............	7 50	5 50
LE CAPITAINE ARÉNA, 2 vol. in-8............	15 »	11 »
LE CORRICOLO, 4 vol. in-8..................	30 »	22 »

ŒUVRES DE CHARLES NODIER.

12 volumes, belle édition in-8................	85 »	57 50
JEAN SBOGAR, 1 vol.......................	7 50	5 »
LE PEINTRE DE SALTZBOURG. — ADÈLE. — THÉRÈSE AUBERT, 1 vol......................	7 50	5 »
SMARRA. — TRILBY. — LES TRISTES. — HÉLÈNE GILLET, 1 vol.............................	7 50	5 »
LA FÉE AUX MIETTES, roman imaginaire, 1 vol..	7 50	5 »
RÊVERIES, 1 vol............................	7 50	5 »
MADEMOISELLE DE MARSAN, 1 vol..........	7 50	5 »

NOTA. *Mademoiselle de Marsan* ne se vend pas séparément de la collection.

LE DERNIER BANQUET DES GIRONDINS, 1 vol.	7 50	5 »
SOUVENIRS ET PORTRAITS, 1 vol...........	7 50	5 »
NOUVEAUX SOUVENIRS ET PORTRAITS, 1 vol.	7 50	5 »
SOUVENIRS DE JEUNESSE, 1 vol.............	7 50	5 »
LE DERNIER CHAPITRE de mon Roman, 1 2 vol..	3 »	2 50
CONTES en prose et en vers, 1 vol.............	7 50	5 »

ALPHONSE KARR.
(Ce qu'il y a dans une bouteille d'encre :)

| GENEVIÈVE (1re livraison), 2 vol. in-8.......... | 15 » | 10 » |
| CLOTILDE (2e livraison), 2 vol. in-8............ | 15 » | 10 » |

ŒUVRES DE Mme J. D'ABRANTÈS.

LES DEUX SŒURS, 2 vol. in-8...............	15 »	10 »
BLANCHE, roman intime, 2 vol. in-8...........	15 »	10 »
LA DUCHESSE DE VALOMBRAY, 2 vol. in-8.....	15 »	10 »
ÉTIENNE SAULNIER, 2 vol. in-8..............	15 »	10 »
LA VALLÉE DES PYRÉNÉES, 2 vol. in-8.......	15 »	10 »
RAPHAEL, 2 vol. in-8......................	15 »	10 »

TOUCHARD-LAFOSSE.

CHRONIQUES DES TUILERIES ET DU LUXEMBOURG, physiologie des Cours modernes, 6 v. in-8.	45 »	18 »
LES RÉVERBÈRES, chroniques de nuit du vieux et du nouveau Paris, 6 vol.................	45 »	18 »
SOUVENIRS d'un demi-siècle, 6 vol. in-8........	45 »	18 »

| LE PÉCHÉ ORIGINEL, par Jules David, 2 vol. in-8. | 15 » | 10 » |

LA VILLA
PALMIERI,

PAR

ALEXANDRE DUMAS.

TOME PREMIER.

PARIS.
DOLIN, LIBRAIRE-COMMISSIONNAIRE,
QUAI DES AUGUSTINS, 47.
1843.

PARIS, IMPRIMÉ PAR BÉTHUNE ET PLON,
RUE DE VAUGIRARD, 36.

PRÉFACE.

C'est à la Villa Palmieri que Boccace écrivit son *Decameron*. J'ai pensé que ce titre me porterait bonheur. Je commence par une histoire dont j'appris le dénoûment le jour même où j'installai mon bureau dans la chambre où, 493 ans auparavant, l'auteur des *Cent nouvelles* avait établi le sien.

UN ALCHIMISTE
AU DIX-NEUVIÈME SIÈCLE.

L'ALCHIMIE.

J'ai un ami dont le nom est devenu, depuis six ou huit ans, célèbre de deux façons différentes et bien opposées ; cependant pour le moment je ne l'appellerai, si vous le voulez bien, que *mon ami*.

Je vais vous raconter son histoire.

Mon ami est d'origine allemande, mais sa

famille habite depuis trois cents ans la France. Sous Charles V, son aïeul maternel tombait près de Beaumanoir au combat des Trente; sous Henri II, son aïeul paternel conduisait des bords du Rhin à Paris une compagnie de cinq cents lances; aussi mon ami porte-t-il au-dessus de ses armes, qui sont d'azur, à trois fusées d'or rangées en fasce, un casque d'argent grillé d'or, ce qui n'appartient qu'aux généraux d'armée, aux chefs de compagnie, aux gouverneurs de provinces et aux marquis. Je consigne ce fait, attendu que, mon ami étant vicomte, on pourrait s'étonner de cette anomalie héraldique qui, grâce à cet éclaircissement, se trouve naturellement expliquée.

Quoique mon ami, comme on le voit, eût pu faire haut la main ses preuves de 1399, et qu'à cette époque il dût, en sa qualité de fils unique, compter sur une soixantaine de mille livres de rente, ce qui est fort joli par le temps qui court, il fut mis au collége comme s'il n'eût été que le fils d'un simple bourgeois ou d'un roi constitutionnel. Peut-être devrais-je cacher cette circonstance, qui lui fera vraisemblablement du tort près de quelques maisons aristocratiques du faubourg Saint-Germain; mais, en ma qualité d'historien, je me dois avant tout à la vérité : historien venant, comme chacun sait, de *histor*, et *histor* voulant dire *témoin*.

Or, j'ai été à peu près témoin de toutes les choses que je vais raconter. Je lève donc la main, et je jure de dire la vérité, toute la vérité, rien que la vérité.

Mon ami fit d'excellentes études, ce qui, comme on le voit, était encore bien vulgaire; il en résulta qu'il sortit du collége à seize ans. C'était, si je me le rappelle bien, en l'an de grâce 1824.

Outre ses études universitaires, deux choses avaient fortement préoccupé mon ami depuis l'âge de dix ans; l'une de ces deux choses, ou plutôt de ces deux sciences — osons les appeler par leur nom — mon ami est un savant... voilà le mot lâché; ma foi, tant pis!... — une de ces deux sciences, dis-je, était la musique, l'autre était la chimie.

a.

Aussi, à douze ans, mon ami était-il déjà un Beethoven en germe et un Lavoisier en herbe, passant tout le temps que lui laissaient ses études à composer des symphonies et à faire des expériences, tandis que ses camarades jouaient à la balle, à la toupie ou au bouchon.

Cependant, lorsqu'il avait bien échelonné des rondes, des blanches, des noires, des croches, des doubles croches et des triples croches sur les cinq marches de l'escalier chromatique, où ces dames ont l'habitude de monter et descendre; lorsqu'il avait, par la distillation, séparé un liquide volatil quelconque de substances plus fixes que lui, le compositeur futur, le chimiste à venir redevenait enfant; car il fallait bien que cette jeune âme laissât de temps en temps à la bête quelques moments de récréation.

Alors un des amusements favoris de la bête était de ranger en ordre de bataille des soldats de plomb.

Nous connaissons tous ce plaisir stratégique, n'est-ce pas? Nous avons tous été capitaines, colonels ou généraux de ces inoffensives armées. Nous avons tous, avec des canons en miniature chargés de cendrée, couché sur le parquet des bataillons d'infanterie et des escadrons de cavalerie, qui attendaient impassiblement la mort, l'arme au bras ou le sabre à la main, et qui, plus heureux que les automates humains qu'on appelle vulgairement de la chair à canon, et poétiquement des héros, se relevaient cinq minutes après pour retomber et se relever encore jusqu'à ce que, l'heure du travail revenant, ils rentraient dans leurs longues boîtes de bois, où ils dormaient, plus paisibles que Thémistocle, attendant que la récréation prochaine amenât pour eux une autre Salamine ou une nouvelle Mantinée, sans que les trophées de qui que ce fût troublassent leur sommeil.

Or, comme je l'ai dit, une des rares distractions que se permettait mon ami, était le belliqueux plaisir de commander la manœuvre à soixante-douze soldats de plomb. Un jour donc qu'il venait de faire exécuter à son armée les douze espèces d'ordres de bataille indiqués par Jomini, depuis l'ordre parallèle simple jusqu'à l'ordre en colonnes sur le centre et sur une aile, en passant par l'ordre oblique simple, auquel Épaminondas dut la victoire de Leuctres; et par l'ordre concave sur le centre, auquel Annibal dut la victoire de Cannes; un jour, dis-je, qu'il avait, lui aussi, gagné deux ou trois batailles, une rêverie scientifique vint le surprendre au milieu de son triomphe guerrier, et ayant avisé sur la cheminée une magnifique coupe d'argent aux armes de la famille, l'idée lui vint de faire de ses soixante-douze soldats un seul lingot de plomb, afin, sans doute, de peser philosophiquement et d'un seul coup, dans sa main, la cendre de six douzaines de héros. C'était, comme on le comprend bien, une trop grande idée pour qu'elle ne reçût pas son exécution. L'apprenti chimiste connaissait la différence de fusibilité des deux métaux; il ne douta donc pas un instant de la réussite de son expérience, et, plaçant la coupe sur un feu ardent, il y porta ses soixante-douze soldats, depuis le tambour jusqu'au général.

Tout alla d'abord au gré de ses désirs; les soldats fondirent sans distinction d'armes, sans aristocratie de grades; et l'expérimentateur s'apprêtait déjà à tirer du feu, à l'aide des pincettes, le précieux récipient, lorsqu'il s'aperçut, avec un étonnement profond, que le plomb filtrait à travers l'argent. En quelques secondes, l'armée fut dans les cendres jusqu'à sa dernière goutte, laissant la coupe trouée comme un crible.

Il y avait dans cet événement inattendu deux choses graves : la première, c'était la dévastation d'un objet précieux; la seconde, c'était un problème à résoudre.

Je me hâte de dire que mon ami ne se préoccupa de la dévastation de l'objet précieux qu'en tant quelle se rattachait au problème.

Ce problème était grave pour un enfant de douze ans.

« Comment ce métal, moins fusible qu'un autre métal, n'avait-il pu contenir ce métal en fusion? »

Mon ami y pensa trois jours et trois nuits;

enfin, il arriva tout seul à cette solution : que le plomb, en s'oxydant à l'air, avait tout naturellement percé la coupe, qui contenait cinq pour cent d'alliage.

Mon ami fut si content et si fier d'avoir trouvé cette solution, qu'il pensa que ce n'était pas avoir payé trop cher une pareille expérience de la perte d'une coupe de trois ou quatre cents francs.

D'ailleurs la coupe n'était pas tout à fait perdue; elle valait encore son poids.

Ce pas fait sans lisière dans la science des Dumas (ne pas confondre avec l'auteur de cet article) et des Thénard (ne pas confondre avec l'artiste de l'Opéra-Comique), donna la plus grande envie à mon ami de marcher tout seul; d'ailleurs la mère de mon ami, femme d'un esprit tout à fait supérieur, aimait mieux voir son fils s'amuser à cela qu'à jouer aux billes ou au cerf-volant. A partir de ce jour, le jeune chimiste eut donc un laboratoire, avec fourneaux, creusets, cornues, ballons, alambics et autres ingrédients, de toutes formes et de toute espèce, dans lequel il passa tout le temps des récréations qu'il ne donnait pas à la musique.

Car la musique allait aussi son train; le contrepoint et la fugue balançaient presque la décomposition et la volatilisation, de sorte que les prophètes de famille les plus hardis n'osaient encore dire si mon ami serait un Rossini ou un Gay-Lussac.

On atteignit ainsi l'année 1824 déjà relatée plus haut, l'enfant était devenu jeune homme, l'écolier devint étudiant; il suivit successivement et avec cette sérieuse habitude du travail qu'il avait prise, ses cours d'anatomie et de physiologie, de chimie et de physique, passa ses examens de bachelier ès-lettres et de bachelier ès-sciences, fut reçu docteur en droit et en médecine.

1832 arriva dans cette alternative de travaux humanitaires, sociaux et scientifiques, mon ami avait vingt-quatre ou vingt-cinq ans : il s'agissait de s'arrêter à une carrière, quoiqu'à cette époque mon ami, jeune, riche, et homme d'esprit, pût parfaitement se passer de carrière; mais comme il était un ambitieux, il ne lui suffisait pas d'être né quelque chose, il voulait absolument devenir quelqu'un.

Il fallait opter entre ces deux vocations, chimiste ou compositeur, attendu qu'on ne peut pas faire à la fois de la chimie et de la musique. Les musiciens eussent bien pardonné à mon ami d'être chimiste, mais les chimistes, à coup sûr, ne lui eussent pas pardonné d'être musicien.

Mon ami se décida pour la chimie, ou plutôt pour l'alchimie.

Il y a un abîme entre ces deux sciences, qui, à la vue, cependant, n'offrent une différence que de deux lettres de plus ou de deux lettres de moins. L'une est une science positive, l'autre est un art conjectural. L'alchimie est le rêve des imaginations puissantes, la chimie est l'étude des esprits graves. Tout chimiste supérieur a commencé par être quelque peu alchimiste.

Or, mon ami était convaincu que les limites du possible dépassent toujours l'horizon tracé par l'état présent de la science, et que la plupart des théories qui sont devenues des faits ont commencé par être regardées comme des visions plus ou moins invraisemblables, ou plus ou moins fantastiques, par ceux qui veulent voir dans les théories non pas le tableau changeant et progressif de la science, mais l'expression d'une vérité absolue.

Mon ami connaissait sur le bout de son doigt l'histoire de tous les alchimistes anciens et modernes, depuis celle de Daniel de Transylvanie, qui vendit vingt mille ducats, à Cosme Ier, sa recette pour la transmutation des métaux, jusqu'à celle du Saxon Paykull, qui, condamné à mort par Charles XII, racheta sa vie en changeant un lingot de plomb en un lingot d'or, dont on tira quarante-sept ducats, tout en distrayant de ce lingot de quoi faire une médaille qui fut frappée à la plus grande gloire de l'inventeur, avec cette inscription : *Hoc aurum arte chymica conflavit Holmiæ*, 1706, *O. A. V. Paykull.*

PRÉFACE.

Mais comme Daniel de Transylvanie, une fois en France, avait écrit à Cosme Ier qu'il s'était moqué de lui; comme Paykull, une fois en liberté, profita de cette liberté pour quitter la Suède et aller mourir je ne sais où, en laissant une recette dont on n'a jamais pu rien faire et qui prouve seulement qu'il était encore plus fort en escamotage qu'en chimie; comme enfin il était aussi clairement démontré aux yeux de mon ami qu'à ceux de mon confrère Scribe que l'or est une chimère — mon ami, sans toutefois rien préjuger sur l'avenir, se borna tout bonnement pour l'heure à tenter la production du diamant, ce qui lui donnait infiniment plus de chance, le diamant n'étant pas la transmutation d'un corps en un autre, mais une simple modification d'un élément connu; — le diamant enfin n'étant rien autre chose que la cristallisation du carbone pur.

Pour la recherche de ce problème, mon ami s'était adjoint un ami à lui, élève de l'École polytechnique, occupant aujourd'hui une des premières places dans les ponts-etchaussées, garçon d'esprit, d'étude et de science, tout à fait digne d'une pareille association, et qui se nommait Frantz. Or, pour plus de continuité dans leurs travaux, pour plus de persévérance dans leurs recherches, les deux jeunes gens avaient décidé qu'ils demeureraient ensemble et avaient en conséquence loué, rue Saint-Dominique, n° 48, un appartement commun.

Un an se passa en expériences.

Raconter ce que cette année renferma d'alternatives d'espoirs et de déceptions, de croyances enivrantes et de désappointements amers, c'est ce qui nous est matériellement impossible, attendu que ce serait un journal presque quotidien des émotions de nos deux alchimistes. Enfin, au bout de cette année, le découragement s'en mêla; mon ami, plus philosophe que Frantz, se consolait en faisant de la musique. Mais Frantz, qui détestait la musique, n'avait rien pour le consoler. Il en résulta que ces deux désireurs de l'impossible, comme eût dit Tacite, tombèrent dans le découragement, laissèrent éteindre leurs fourneaux, laissèrent refroidir leurs creusets et reléguèrent dans une grande armoire, réceptacle des pots de pommade et des bouteilles à cirage de la communauté, les cornues, les alambics, les cucurbites et les ballons.

Quatre mois s'écoulèrent sans que l'on pensât autrement à l'alchimie. Par une convention tacite, et pour ne pas renouveler les douleurs des jours passés, les jeunes gens n'ouvraient plus la bouche sur ce sujet et semblaient craindre jusqu'à une allusion à leurs espérances détruites. On eût dit que la chimie n'existait plus ou était encore un art à inventer.

Cependant la communauté était devenue inutile; chacun des deux amis renonçant à cette association dorée, source pour eux de tant de rêves, songeait à tirer de son côté. On avait donné congé de l'appartement pris dans un but manqué, et qui cessait d'offrir les convenances pour lesquelles, en des temps meilleurs, on l'avait choisi. Mon ami faisait ses malles, tandis que Frantz s'occupait du triage des objets appartenant à la susdite communauté, quand tout à coup mon ami entendit des pas se rapprocher rapidement de la chambre ; la porte s'ouvrit, et Frantz apparut sur la porte, pâle, tremblant, et s'écriant d'une voix altérée :

— Henri ! Henri !!.. le bahut a bahuté.

Expliquons la signification de ce substantif et de ce verbe, qui pourrait bien, au premier abord, échapper à la perspicacité de mes lecteurs.

Chaque profession a son argot, chaque science a son idiome, chaque état a sa langue. Or, en termes de chimie familière, on appelle en général *bahut* un instrument quel qu'il soit, et *bahutage* l'opération quelconque que cet instrument est destiné à accomplir.

Ce cri intime, ce cri parti du plus profond de l'âme ; ce cri, expression instantanée de la stupéfaction arrivée au plus haut degré, était donc parfaitement intelligible pour celui auquel il était adressé ; seulement, comme il y avait un nombre indéfini de bahuts dans l'établissement, et que, quelle que fût sa perspicacité, mon ami ne pouvait deviner duquel il était question, il regarda Frantz, dont la figure annonçait un bouleversement général, et demanda :

— Quel bahut?

Au lieu de répondre, Frantz s'évanouit comme une vision, et, un instant après, reparut tenant le bahut à la main.

Le bahut n'était rien autre chose qu'un de ces appareils méprisés et relégués parmi les pots de pommade et les bouteilles de cirage, et qui, pendant un repos de quatre mois, avait bahuté sous l'influence de circonstances encore mystérieuses de lumière, de chaleur ou d'électricité.

C'était un de ces globes de verre appelés *ballons*, dont toute la surface intérieure se trouvait recouverte d'une multitude innombrable de petits cristaux étincelants de toutes les couleurs du prisme. A cette vue, mon ami se précipita vers les fenêtres, les ferma, et alluma une bougie; à cette époque, mon ami s'éclairait encore avec cet aristocratique combustible.

Or mon ami avait fermé les fenêtres, et allumé une bougie, attendu que, comme on le sait, une des propriétés du diamant est de jeter des feux beaucoup plus vifs à la lumière qu'au jour.

Ce fut ce qui eut lieu.

Mais cela ne suffisait pas pour rassurer la tremblante conviction de nos deux alchimistes. Ces cristaux détachés légèrement avec la barbe d'une plume, furent à l'instant même traités par tous les agents chimiques propres à constater leur nature; le résultat fut affirmatif.

Ce ne fut pas encore tout. L'un des plus grands produits, lequel pouvait bien atteindre le diamètre d'une tête d'épingle de petite dimension, prévenu de fausseté qu'il était, subit à l'aide d'un excellent microscope de Vincent Chevalier la confrontation avec un diamant véritable. A cette époque mon ami avait encore des diamants. La similitude était entière.

Ce point reconnu, ce même produit fut

porté chez un des plus habiles joailliers de la capitale, lequel déclara que c'était bien un diamant pouvant valoir vingt sous de notre monnaie : un franc, nouveau style.

Cette déclaration combla nos jeunes gens de joie ; car, comme on le comprend bien, ce n'était pas dans la valeur momentanée du produit qu'était la question, mais dans la découverte du principe. D'ailleurs, ne fussent-ils arrivés qu'à faire de la poussière de diamant, on sait que cette seule poussière a déjà dans le commerce une valeur considérable.

La question était donc résolue.

Cette solution produisit sur les deux alchimistes un effet fort différent. Effet d'autant plus profond, que tous deux gardèrent sur la découverte qu'ils venaient de faire le plus absolu silence. Seulement, à partir de ce jour, toutes les fois qu'on parlait devant Frantz de ces fortunes fort estimables de cinquante mille, de soixante mille, de cent mille francs de rente qu'on rencontre dans le monde,

Frantz avançait dédaigneusement la lèvre inférieure, laissait échapper un — Peuh!.. des plus méprisants, et jetait en parole des millions au nez de ses interlocuteurs. Puis si on poussait, à l'endroit de ces millions dont il disposait avec une si grande facilité, l'interrogation un peu trop loin, Frantz tournait le dos en chantonnant, assez faux pour guérir les curieux du désir de l'entendre davantage, un petit air d'opéra emprunté à quelque composition inédite de son ami.

Les gens sensés qui rencontrèrent Frantz dans le monde et qui s'aperçurent de cet étrange changement dans sa conversation et dans ses manières, vinrent doucement prévenir son collaborateur que Frantz tournait à la folie. Mais ils trouvèrent son collaborateur plus muet, plus pâle que de coutume, et ayant un des symptômes les plus caractéristiques du choléra.

Ils s'éloignèrent en disant que mon ami tournait au marasme.

Cependant nos alchimistes, loin de se sé-

b.

parer, comme c'était leur intention, s'étaient réunis à nouveau et plus étroitement que jamais. Le soir même de ce grand événement que nous avons raconté, les fourneaux s'étaient rallumés; les alambics s'étaient remplis de nouveau, et les cornues étaient rentrées en fonction. Quoique la liqueur remplissant primitivement le ballon se fût évaporée pendant cet intervalle de trois mois, nos alchimistes se rappelaient parfaitement la construction de l'appareil, et la nature des produits employés à sa composition : les mêmes éléments furent donc remis en œuvre, les mêmes opérations eurent lieu; des ballons, contenant la liqueur productrice, commencèrent à remplir non-seulement l'armoire aux pots de pommade et aux bouteilles de vernis, mais encore toutes les autres armoires. Bientôt les armoires débordèrent, et des planches s'allongèrent par étages autour de l'appartement; ces planches se remplirent à leur tour comme s'étaient remplies les armoires; les deux amis se ruinaient en ballons; leurs fournisseurs habituels ne pouvaient comprendre quelle espèce de commerce ils faisaient de ce genre de bahuts.

PRÉFACE.

Quant à eux, à toutes les questions qu'on leur faisait, ils répondaient par un mystérieux : — Qui peut savoir? ou par un prophétique : — Qui vivra verra. Et comme Frantz devenait de plus en plus dédaigneux et mon ami de plus en plus pâle, l'opinion commune était qu'ils continuaient de s'avancer, l'un vers la folie, l'autre vers le marasme.

L'opinion commune se trompait, tous deux avançaient vers une nouvelle déception.

Les jours s'écoulèrent, la liqueur s'évapora, mais cette fois il ne resta rien au fond des ballons.

Cependant l'espoir soutint nos jeunes gens pendant un an tout entier, pendant un an ils épuisèrent les mille combinaisons différentes que pouvait leur fournir le souvenir de leurs expériences passées; tout fut inutile : cette cristallisation qui avait produit sur leurs deux organisations un effet si opposé demeura unique. Aucun des bahuts ne bahuta une seconde fois, et nos deux alchimistes demeurèrent convaincus que cette suite de non-succès, malgré l'emploi des mêmes moyens, avait pour cause, ou quelques-unes de ces circonstances mal appréciées dont nous avons parlé plus haut, ou l'impureté même des produits employés dans les premières expériences, impureté qui avait pu devenir une cause de réussite.

Après une suite de vains essais, les amis se séparèrent en partageant leur trésor; mon ami garda le gros diamant qui avait été estimé vingt sous, et Frantz en prit deux plus petits, pouvant valoir chacun à peu près cinquante centimes.

Or, comme à cette époque mon ami, riche encore, ne se livrait à ces sortes d'expériences que par amour de la gloire, et qu'il ne considérait la production du diamant, même en cas de succès, que comme un fait curieux, mais qui n'avancerait pas la science d'un pas, il abandonna cette recherche, et, fatigué momentanément de l'alchimie, il en revint à la musique.

LA MUSIQUE.

Quelques mots sur la direction musicale qu'avait suivie mon ami dans ses études ; ils expliqueront comment, au lieu de faire ses débuts à l'Académie royale de Musique de Paris, il jeta les yeux sur le théâtre Saint-Charles de Naples.

Mon ami avait appris le contrepoint avec Paër et la composition avec Rossini. Il était donc lancé à corps perdu dans la voie italienne, ce qui ne l'empêchait point cependant d'apprécier au plus haut degré la musique allemande ; il avait en conséquence conçu un projet, c'était de réunir les beautés des deux écoles : il voulait fondre Weber et Cimarosa.

Or, une pareille prétention ne pouvait se réaliser qu'en Italie. Mon ami partit donc pour Naples vers la fin de 1834, emportant avec lui sa partition toute faite sur un poème français qu'il se promettait de faire mettre en vers plus ou moins italiens par le premier librettiste venu.

En Italie, on est librettiste comme on est en France maquignon ou passementier, si ce n'est même que pour être librettiste on n'a pas besoin de faire les études préparatoires qu'exigent ces deux états. En Italie, tout le monde fait des vers, et il n'y a pas jusqu'au cordonnier et au tailleur qui, en vous essayant votre habit ou en vous apportant vos bottes, ne vous improvisent un madrigal sur la petitesse de votre pied ou un sonnet sur l'élégance de votre taille.

Malheureusement, comme tous les théâtres importants, Saint-Charles n'est pas un théâtre facile à aborder. La difficulté d'ailleurs se compliquait encore de la retraite du grand Barbaja. Je ne sais quelle imprudence le roi de Naples avait commise à l'endroit de Barbaja; mais Barbaja boudait, Barbaja était retiré sous sa tente, laquelle n'était ni plus ni moins qu'un magnifique palais qu'il venait de faire bâtir au bout de la rue de Chiaja.

L'absence de Barbaja portait ses fruits, le théâtre Saint-Charles était en révolution; une société de grands seigneurs s'était réunie pour l'exploiter. Or nous savons en général comment les grands seigneurs administrent les théâtres. Il y avait désolation générale rue de Tolède et aux environs.

Ce fut dans ces circonstances que mon ami se présenta dans le monde musical de Naples, sous le double patronage de Paër et de Rossini.

Le bruit se répandit aussitôt qu'un compositeur français, portant le titre de vicomte, venait d'arriver à Naples pour faire jouer au théâtre Saint-Charles un opéra seria.

Il y avait dans cette nouvelle deux choses qui devaient émouvoir singulièrement la société napolitaine :

La première, c'est qu'un jeune compositeur eût la prétention de faire ses débuts sur le théâtre Saint-Charles, devant le public le plus difficile de toute l'Italie;

La seconde, c'était que ce compositeur fût vicomte.

En Italie, nous ne dirons pas que l'aristocratie n'est pas encore descendue jusqu'à l'art; nous dirons seulement que l'art n'a point encore monté jusqu'à l'aristocratie. Un seul exemple d'une pareille dérogation existe, et encore est-elle toute récente; c'est le double succès du prince Joseph Poniatowski, dans les genres sérieux et bouffon, sur les deux théâtres de Florence et de Pise : pour tous ceux qui s'occupent de musique, nous n'avons besoin que de nommer *Giovani da Procida* et *Don Desiderio*.

Mais à cette époque, le prince Joseph n'avait point encore dérogé aux habitudes générales : l'arrivée de mon ami fut donc à Naples un véritable événement.

Les lettres de Paër et de Rossini lui ouvrirent les portes des artistes.

Son nom lui ouvrit celles de l'aristocratie.

Cette aristocratie eut bien d'abord quelque

velléité de croire que la noblesse de mon ami était de création nouvelle, et appartenait à la fin du règne de Louis XV ou au commencement du règne de Napoléon. Mais le vicomte compositeur se présenta dans le monde le ruban de chevalier de Malte à sa boutonnière : et, comme on le sait, l'ordre de Malte est un de ceux qui exigent les preuves les plus sévères, c'est-à-dire huit quartiers paternels et huit quartiers maternels.

Le vicomte était donc bien de race, et il n'y avait rien à dire à l'égard de sa noblesse.

Mais restait sa musique ; c'était là qu'on l'attendait.

Les artistes du théâtre Saint-Charles avec lesquels mon ami s'était trouvé en relation, grâce aux lettres de Paër et de Rossini, chantèrent alors en soirée quelques morceaux de son opéra.

La stupéfaction fut grande. Un vicomte français avait fait de la musique qu'aurait pu avouer un maëstro italien. C'était à n'y rien comprendre.

Or, comme la musique était véritablement belle, et que les Italiens n'admettent pas que tout compositeur n'ayant pas un nom en *o* ou en *i* puisse faire de la bonne musique, le bruit se répandit tout bas que c'était Rossini qui, ne voulant plus composer tout haut, avait mis une composition anonyme sur le dos de son élève.

Peut-être pensera-t-on que grâce à ce bruit les portes du théâtre Saint-Charles tournèrent plus facilement sur leurs gonds; point du tout, au contraire même. Les Napolitains sont les seuls dilettanti de la terre qui se vantent encore aujourd'hui, tant, disent-ils, ils ont le goût pur, d'avoir sifflé Rossini et madame Malibran.

Ah! si Barbaja eût été là! Mais Barbaja, comme nous l'avons dit, était sous sa tente.

Un jour on écrira l'Iliade de cet autre Achille : malheureusement notre mission, à nous, est plus modeste, et nous n'avons à raconter que l'Odyssée de notre ami.

Il va sans dire que notre ami s'était bien gardé de dire là-bas qu'il était chimiste. Un vicomte chimiste! c'était bien pis qu'un vicomte compositeur. Peste! on aurait cru qu'il venait pour empoisonner le roi.

Rien ne transpira heureusement à cet endroit.

Mon ami avait déjà passé deux ou trois mois à Naples, perdant son temps à avoir des succès de salon, et commençant à croire que ces succès ne le mèneraient à rien, lorsqu'un soir ces succès, qui étaient montés jusqu'au roi, inspirèrent à Sa Majesté Ferdinand II cette heureuse idée de laisser tomber de ses lèvres royales cette simple petite phrase :

—Eh bien! l'opéra de ce Français, est-ce qu'on ne le joue pas?

A Naples, les phrases royales, si banales qu'elles soient, tombent encore sur une terre assez fertile en courtisanerie pour pousser à l'instant même, et porter, sinon des fleurs, du moins des fruits.

Or, la phrase royale porta ses fruits.

Les ministres dirent aux généraux—on sait que la cour de Naples est celle où il y a le plus de généraux;—les ministres dirent donc aux généraux que le roi avait daigné s'informer de l'époque où l'on jouerait l'opéra du compositeur vicomte. Les généraux répétèrent la chose aux chambellans, les chambellans la redirent aux grands seigneurs entrepreneurs du théâtre Saint-Charles. Les grands seigneurs se regardèrent entre eux et se demandèrent:

— Où prendre l'argent?

Où prendre l'argent, hélas! c'est la grande affaire partout, et à Naples encore plus qu'ailleurs. Si le théâtre Saint-Charles a une subvention quelconque, ce dont je doute, c'est quelque chose comme quarante à cinquante mille francs, juste de quoi payer l'orchestre. Ce cri poussé du fond du cœur n'était donc pas l'expression d'une pauvreté feinte, mais au contraire d'une détresse bien réelle.

Heureusement il y avait là un banquier artiste.

Un banquier artiste—je le répète, ce n'est pas une faute d'impression.

Oui, un banquier artiste. Ce banquier était M. Falconnet, le même qui mit sa caisse à ma disposition lorsque Sa Majesté, moins bienveillante pour moi que pour mon ami, laissa tomber cette autre phrase :

« Il faut faire sortir M. Alexandre Dumas de mes États, attendu que c'est... que c'est... que c'est... »

Sa Majesté, qui n'a pas l'élocution facile, ne put pas trouver ce que j'étais ; mais c'est égal, la première partie de sa phrase était parfaitement intelligible, et je reçus l'invitation de quitter Naples dans les vingt-quatre heures, et les États de Sa Majesté sous trois jours.

Ce fut alors, dis-je, que M. Falconnet, ce même banquier artiste dont j'ai parlé, mit sa caisse à ma disposition ; or, comme je n'admets pas qu'en pareil cas le pour acquit vous acquitte, je lui renouvelle donc ici l'expression de ma reconnaissance.

Or, à cette phrase anxieuse : — Où prendre l'argent? — M. Falconnet répondit :

— Je ferai l'argent, moi.

Les grands seigneurs saluèrent M. Falconnet.

Le même soir, le vicomte eut avis que son opéra allait être mis en répétition, et qu'il eût par conséquent à distribuer ses rôles.

Heureux pays, où d'une seule phrase un roi peut chasser les poètes et faire jouer les compositeurs.

Aussi a-t-on dit : — Voir Naples et mourir.

Mon ami ne perdit pas de temps ; il courut, chez qui — devinez?

Chez Duprez et chez la Persiani.

Mon ami n'était pas malheureux, n'est-ce pas ? Du premier coup il allait être chanté par le rossignol de la France et la fauvette de l'Italie.

Aussi pensa-t-il en devenir fou de joie.

Et remarquez que derrière ces deux grands artistes il y avait un jeune homme dont on ne parlait pas encore à cette époque en Italie, et qui, avec Morliani, était à peu près le seul dont on parle aujourd'hui. — Ce jeune homme, c'était Ronconi.

A part la Malibran — cette femme à part — c'était donc tout bonnement ce qu'il y avait de mieux, non-seulement dans le royaume des Deux-Siciles, mais encore dans la péninsule tout entière.

J'ai raconté ailleurs les nouvelles tribulations qui précédèrent la représentation de l'ouvrage de mon ami. J'ai dit cette soirée merveilleuse où Sa Majesté faillit, en oubliant d'applaudir, de faire tomber ce malheureux opéra, qui lui devait presque le jour, qu'il était menacé de perdre en naissant. J'ai constaté ce succès, qui s'inscrivit sur les fastes chromatiques de Naples comme un des grands succès qui eussent eu lieu depuis vingt-cinq ans.

Il est inutile de dire que Duprez avait été

merveilleux, la Persiani adorable, et Ronconi parfait.

Le jeune maestro était dans la joie de son âme; il avait trouvé le véritable diamant, celui-là dont il avait en lui-même l'infaillibl recette, et dont il pourrait renouveler la production autant de fois qu'il lui conviendrai d'en faire l'expérience, il le croyait du moins.

Ce fut sur ces entrefaites que je passai moi-même à Naples. J'allais, comme on le sait, en Sicile; je proposai à mon ami de m'y accompagner : il eut le courage de s'arracher à son triomphe et de monter à bord de mon speronare.

Le surlendemain de notre départ, nous faillîmes faire naufrage ensemble. Au moment le plus critique, je lui exposai tous mes regrets de lui avoir fait quitter la terre.

— Vous avez raison, me dit-il en se frappant le front comme André Chénier : je serais désespéré de me noyer maintenant, j'avais là une idée d'opéra!...

Comme on le voit, mon pauvre ami était alors aussi enthousiaste de la musique qu'il l'avait été, deux ans auparavant, de l'alchimie.

Mon ami resta un mois en Sicile : en revenant à Naples, il reçut une lettre qui n'avait rien de particulier, qui avait la forme de toute lettre, où l'adresse était proprement écrite sur trois lignes, comme doit être écrite une adresse propre.

Il l'ouvrit nonchalamment, machinalement, comme on ouvre une lettre dont l'écriture nous est indifférente.

Cette lettre était d'un homme d'affaires, qui lui annonçait qu'il avait perdu toute sa fortune.

Peut-être croira-t-on que cette nouvelle porta un coup terrible au jeune maestro? On se tromperait. D'abord mon ami est un de ces hommes au cœur fort, à l'épreuve de la joie et de la douleur. Il se contenta de sourire, et, jetant dédaigneusement la lettre sur son piano, où étaient entassées les partitions de Rossini, de Weber et de Mozart :

— C'est bien! dit-il, je serai artiste.

Malheureusement, on n'est artiste en Italie qu'à la condition de mourir de faim. Donizetti a vendu tel de ses opéras douze ducats, et Rossini a donné tel de ses chefs-d'œuvre pour dix écus. On ne vit d'art qu'en France : mon ami revint donc à Paris.

Le bruit de son succès l'y avait précédé : la partie la plus fatigante du chemin théâtral était donc aplanie pour lui, il se trouva immédiatement en relation avec les artistes et les directeurs.

Vers le même temps, j'étais de mon côté revenu aussi en France; et peut-être avais-je contribué, par un ou deux articles dans la *Gazette musicale*, à faire connaître le jeune maestro, qui n'était pas du tout connu à cette époque; la Persiani, qui n'avait encore d'autre réputation que d'être la fille de Tachinardi, et Duprez, dont on n'avait gardé d'autre souvenir que celui qu'il avait laissé dans ses essais à l'Odéon.

Peut-être me demandera-t-on ce que je faisais, moi profane, au milieu des compositeurs, des exécutants et des dilettanti qui composent la liste des rédacteurs attachés au journal de mon ami Maurice Schlesinger. J'y étais entré pour rendre compte du Théâtre-Français, qui m'avait paru mériter une attention particulière et une critique spéciale comme théâtre chantant.

J'étais donc de retour à Paris, où je suivais mes répétitions de *Don Juan de Marana*, lorsque je vis entrer un beau matin, chez moi, mon maestro et Nourrit.

Ils venaient me demander de faire pour l'Opéra un poème dont mon ami devait composer la musique, et dont Nourrit devait chanter le principal rôle.

C'était à peu près la dixième fois qu'on venait me faire une proposition pareille pour l'Opéra; jamais une proposition de ce genre n'avait pu avoir la moindre suite.

M. Véron, il faut lui rendre justice, est le premier à qui il soit venu l'idée de me demander un poème pour l'Opéra. Seulement il l'avait compliqué d'une petite difficulté : nous devions à nous deux, Scribe et moi, faire un poème pour Meyerbeer.

Rien ne paraissait plus simple au premier abord. Nous étions amis tous trois depuis plusieurs années. A la première entrevue, nous tombâmes d'accord du sujet. Au bout de huit jours, nous l'avions envisagé chacun d'un point de vue si parfaitement opposé, que nous étions à peu près brouillés avec Scribe, et que nous avions manqué nous couper la gorge avec Meyerbeer.

Je me hâte d'ajouter que, depuis qu'il n'est plus question d'opéra entre nous, nous sommes redevenus les meilleurs amis du monde.

Au premier abord, j'eus la crainte que même chose arrivât entre mon ami Nourrit et moi. Je leur exposai mes terreurs à cet endroit et l'antécédent sur lequel elles reposaient. Ils me rassurèrent tous deux en me déclarant qu'ils me laissaient parfaitement libre du choix et de l'exécution du sujet, bien entendu que de mon côté je m'astreindrais à la coupe habituelle des opéras en trois actes.

Je fis deux actes, à la grande satisfaction du maestro et de Nourrit. Le maestro faisait sa musique à mesure que je faisais mes vers, et Nourrit la chantait. Pauvre Nourrit!

On annonça les débuts de Duprez. On se rappelle le succès immense de cet admirable chanteur dans *Guillaume Tell*. Nourrit, à qui le champ était ouvert, n'osa pas soutenir la concurrence, et partit pour Naples, qu'il trouva encore toute retentissante des mélodieuses vibrations de la voix que nous applaudissions à Paris. On sait le reste.

Hélas! j'ai porté malheur aux deux hommes pour lesquels j'ai fait des opéras. Avis à ceux qui auraient l'indiscrétion de m'en venir demander encore. Les *Brigands romains* (tel était le titre de mon poème) ont précédé de six mois à peine la mort de Nourrit. Deux ans après avoir fait la musique de *Piquillo*, Monpou était mort.

Mais, au moins, de Monpou il reste quelque chose : il reste les *Deux Reines*, il reste une foule de chants devenus populaires à force de poésie musicale, si l'on peut dire cela.

Mais du chanteur que reste-t-il ? un son évanoui, une note éteinte, quelque chose comme le bruit que fait la corde d'un luth en se brisant.

Force nous fut donc d'interrompre notre travail ; mon ami recourut à un autre poëte plus influent que moi à l'Académie royale de Musique.

On le fit attendre un an, ce qui est peu de chose.

Puis, au bout d'un an, il fut joué par Duprez, Massol, Levasseur et madame Dorus, je crois.

Aussi le succès fut-il au moins aussi grand rue Lepelletier qu'il l'avait été rue de Tolède.

Seulement, au bout de vingt ou vingt-cinq

représentations, mon ami, qui avait cru se créer un avenir dans la carrière musicale, s'aperçut avec terreur qu'il n'était plus assez riche pour avoir des succès durables au grand Opéra.

Il fut long-temps à se convaincre de cette grande vérité; mais enfin il en demeura convaincu.

Il en résulta que, comme il avait mangé le reste de sa fortune à avoir son dernier succès, il pensa sérieusement à faire autre chose que des partitions.

Il était désabusé de l'alchimie, il était dégoûté de la musique, il se décida à tâter de la chimie.

LA CHIMIE.

Mon ami n'avait pas plus abandonné l'alchimie en faisant de la musique qu'il n'avait abandonné la musique en faisant de la chimie; seulement, presque toujours, et selon les circonstances, une de ces deux sciences primait l'autre. C'était le tour de la chimie de l'emporter sur la musique, attendu que la chimie promettait autant de gloire pour l'avenir et offrait plus de ressources pour le présent.

Ses recherches se tournèrent donc vers la chimie industrielle : il s'agissait de trouver de nouveaux procédés de teinture.

Or il arriva ceci :

Le négociant qui prêtait à mon ami ses ateliers pour y faire des expériences en grand, avait pour frère un joaillier; ce joaillier vint un jour trouver notre chimiste, apportant une de ces petites fleurs en filigrane d'argent comme on en fait à Gênes, et disant que, si par un procédé nouveau et encore inconnu on parvenait à dorer ces petites fleurs, il y aurait quelques billets de mille francs à gagner.

Cette phrase, toute banale qu'elle est, résonne toujours agréablement à l'oreille. Cette fois, elle avait pour mon ami une importance d'autant plus grande que, comme nous l'avons dit, de ces soixante mille livres de rente qu'il aurait dû avoir, il ne lui restait absolument rien.

Notre chimiste prit la petite fleur, la tourna et la retourna de tous les côtés.

Le joaillier avait raison; la ténuité du filigrane rend la dorure au mercure impossible sur de pareilles pièces, la chaleur trop considérable à laquelle on est forcé d'avoir recours les brisant impitoyablement.

Notre chimiste, après avoir mûrement réfléchi à la proposition, entrevit comme dans un rêve la possibilité d'arriver à ce résultat.

Alors le bijoutier indiqua, comme intéressée personnellement à cette découverte par son genre de fabrication, la maison Christophe, qui, sous ce rapport, est *incontestement* la première maison de Paris. Qu'on me permette de faire un adverbe, mon ami a bien fait du diamant.

Après de longues expériences sur des fleurs pareilles à celle que lui avait apportée le bijoutier, mon ami obtint des résultats imparfaits encore, mais cependant déjà assez avancés pour rendre le succès probable. Arrivé à ce point, il porta les échantillons à M. Christophe, lequel, après les avoir examinés avec une profonde attention, lui fit cette observation judicieuse :

— Mais si vous pouvez dorer le filigrane, vous pouvez bien aussi dorer autre chose.

Il revint chez lui tout pensif; car dès lors, outre la question scientifique et industrielle, une grande question humanitaire se présentait à son esprit.

Écoutez bien ceci :

Tous les ans il meurt un certain nombre d'ouvriers doreurs au mercure, tués par le mercure; ceux qui échappent à la mort sont infailliblement atteints, au bout d'un certain nombre d'années, de tremblements, de salivation et d'affaiblissement des facultés intellectuelles : en un mot, ils subissent tous les effets de l'empoisonnement par les mercuriels. Aussi cette question préoccupait-elle depuis vingt ans l'Académie des sciences, qui l'avait placée au premier rang parmi celles offertes comme sujet du prix fondé par M. Montyon pour l'assainissement des professions insalubres.

Dès lors la découverte cherchée s'agrandissait, outre le service rendu au pays comme question financière ; puisque la France est tributaire de l'Espagne, d'où elle tire son mercure : — on se rappelle les mines d'Almaden, ces éternelles garanties des emprunts espagnols. — Dès lors la découverte s'agrandissait, disons-nous, de toute la question humanitaire. C'était la santé et la vie d'un certain nombre d'hommes que la science chimique, rivale désormais de la science médicale, allait disputer à la maladie et à la mort.

Mon ami abandonna donc tous ses projets, interrompit donc toutes ses expériences, pour se borner à des expériences uniques et pour suivre un seul projet.

Il voulait, quelque travail, quelque temps, quelque sacrifice que la chose lui coûtât, trouver le moyen de dorer sans mercure.

Il reprit donc, où il les avait abandonnés,

ces essais qui avaient amené les résultats imparfaits que nous avons constatés, mais qui, tout imparfaits qu'ils étaient, avaient fait concevoir à notre chimiste l'espérance d'arriver à une réussite complète.

Si mon ami avait eu à cette époque cette belle coupe d'argent dans laquelle, vingt ans auparavant, il faisait fondre ses soldats de plomb, il eût essayé de dorer sa coupe; mais la coupe avait disparu depuis longtemps, et il ne lui restait de son ancienne splendeur qu'une douzaine de couverts d'argent.

Il essaya de dorer ses couverts.

Tous les jours, il dorait une fourchette ou une cuiller; tous les soirs, il portait l'objet doré à madame Journet, brunisseuse, laquelle, après avoir donné quelques coups de brunissoir sur la fourchette ou la cuiller, levait la tête, regardait mon ami, et, de cet air de satisfaction intérieure qu'ont les gens qui vous ont prédit un désappointement lorsque ce désappointement arrive, disait :

— Ça ne tient pas.

En effet, elle rendait au pauvre chimiste l'objet parfaitement dédoré à l'endroit où avait passé le brunissoir.

A cette époque, mon ami ne demeurait plu dans cet élégant logement de la rue Saint-Dominique, où, pour son plaisir, il s'était autrefois mis, avec Frantz, à la recherche du diamant. Non; les temps étaient changés. Disons-le hardiment, mon ami était pauvre, pauvre de cette pauvreté qui touche à la misère : la découverte qu'il cherchait n'était donc pas seulement une question de science ou une question d'humanité, c'était une question d'existence.

J'allai le voir à cette époque. Je le trouvai dans une cave de la rue de Beaune. Je lui demandai la raison de cette préférence ; il me répondit qu'il ne s'agissait pas de préférence, mais de nécessité. Il avait pris la cave, parce que c'était la localité la moins chère de la maison.

Or, comme il ne pouvait pas faire ses expériences chimiques dans sa cave, il avait cherché un laboratoire dans les mêmes conditions économiques ; ce n'était pas facile à trouver. Enfin il avait découvert, rue du Colombier, une affreuse petite mansarde ayant servi autrefois de cuisine, et dans laquelle existait encore un fourneau.

La vie de mon ami se partageait entre cette cave et ce grenier.

Dans la cave, il combinait ses expériences.

Dans le grenier, il les exécutait.

Puis, chaque soir, il s'en allait porter sa fourchette ou sa cuiller chez madame Journet, rue de Verneuil, au coin de la rue du Bac ; montait au cinquième, lui présentait le résultat de l'expérience du jour. Madame Journet y passait le brunissoir, relevait la tête et rendait à l'expérimentateur l'objet parfaitement dédoré en disant avec son intonation habituelle :

— Ça ne tient pas.

Le chimiste poussait un soupir, redescendait dans sa cave, cherchait toute la nuit une combinaison nouvelle; le lendemain matin remontait à son grenier, faisait sa tentative quotidienne; puis, le soir venu, retournait chez l'impassible madame Journet, laquelle, avec le même hochement de tête, le même son de voix et le même geste de restitution, répétait :

—Ça ne tient pas.

C'était à en devenir fou. Plus de cent cinquante voies de recherches différentes furent suivies par l'infatigable chimiste, sans amener d'autre résultat que l'éternel désappointement dont madame Journet s'était faite l'organe.

La chose devenait grave.

Il restait, comme je l'ai dit, à mon ami une douzaine de couverts d'argent, faible et dernier débris de sa splendeur passée. Il avait, comme je l'ai dit encore, commencé ses expériences sur ces couverts, dorant tantôt une cuiller, tantôt une fourchette; mais une fois la fourchette ou cuiller dorée, elle devenait impropre à une expérience nouvelle, et il fallait la troquer contre une cuiller ou une fourchette vierges. Or dans ce troc journalier, le troqueur perdait la façon, c'est-à-dire 6 francs à peu près. Il en résultait que mon pauvre ami, à mesure que se prolongeaient ses essais infructueux, et chaque fois que l'inflexible madame Journet répétait son éternel : — Ça ne tient pas — il en résultait, dis-je, que mon pauvre ami perdait 6 francs. De sorte que ses douze couverts commencèrent à se réduire à onze, puis à dix, puis à neuf, puis à huit, puis à sept, puis à six; la façon mangeait le métal. Alors mon ami songea qu'il pouvait aussi bien faire ses expériences sur de petites cuillers que sur des grandes; il changea les six couverts qui lui restaient contre deux douzaines et demie de cuillers à café, et les essais recommencèrent avec plus d'ardeur que jamais; mais peu à peu les petites cuillers disparurent comme les grandes, dévorées par la façon. Il en restait six.

Mon ami essaya alors de faire polir sa dorure au lieu de la faire brunir — le polissage étant moins rude que le brunissage, lui donnait l'espérance que ce qui ne pouvait résister au brunissoir résisterait au polissoir. — D'ailleurs il commençait à prendre madame Journet en exécration, et chaque fois qu'elle lui répétait son éternel — Ça ne tient pas — il lui prenait des envies féroces de l'étrangler.

Il demanda donc à un bijoutier l'adresse d'une polisseuse quelconque; le bijoutier lui donna celle de madame Nicolas, cour Matignon, n° 5, au troisième, a porte à gauche de l'escalier.

Notre chimiste était enchanté de son idée : il ne concevait pas comment il avait perdu tant de temps à s'entêter au brunissage, tandis que le polissage devait produire le même effet. Il trempa une de ses six petites cuillers dans une nouvelle mixture, puis, le soir venu, sa cuiller précieusement empaquetée dans son mouchoir, il s'achemina vers la demeure de madame Nicolas.

Mon ami depuis six ou huit mois avait tellement été préoccupé, qu'il avait fort abandonné les soins de sa toilette. Ses cheveux tombaient jusque sur ses épaules, sa barbe tombait jusque sur sa poitrine. Ses vêtements portaient la trace des différentes mixtures successivement employées dans ses expériences successives. Bref, mon ami ressemblait fort à Nicolas Flamel; et quiconque a vu des portraits de Nicolas Flamel, avouera que, sans faire tort à ce vénérable alchimiste, tout œil inexpérimenté pourrait, au premier abord, le prendre pour un brigand.

Ce fut ce qui arriva à son successeur.

Mon ami trouva parfaitement la cour Matignon, et dans la cour Matignon le n° 5. Il s'enfonça dans une longue allée noire, s'engagea dans un de ces escaliers tournants où une corde remplace la rampe, monta jusqu'au troisième, chercha la porte à gauche, la trouva, allongea la main en tout sens sans rencontrer la sonnette; mais, à défaut de sonnette, trouva une clef, fit tourner la clef dans la serrure, entra, vit des rayons de lumière qui sortaient par les fentes d'une porte, et, jugeant avec beaucoup de sagacité que c'était là les ateliers de madame Nicolas, il s'approcha doucement, rencontra une seconde clef, ouvrit une seconde porte, et apparut tout à coup sur le seuil.

L'effet fut magique. Sur six femmes qui chantaient en chœur la romance du *Beau Linval*, quatre se précipitèrent vers la porte, et deux s'élancèrent sur les armoires, qu'elles fermèrent à double tour. Madame Nicolas, en sa qualité de polisseuse, avait chez elle un nombre indéfini de pièces d'argenterie; et l'on avait tout bonnement pris le nouvel arrivant pour un voleur.

Tout s'expliqua. Il fut reconnu que mon ami, au lieu de venir pour soustraire par ruse ou par violence aucune des pièces renfermées dans les ateliers de madame Nicolas, apportait une cuiller à polir. La cuiller fut tirée en conséquence du mouchoir où elle était enveloppée et passa dans les mains de la polisseuse, qui reçut l'invitation de mettre la dorure à l'épreuve de l'instrument le plus tôt possible.

Madame Nicolas tourna et retourna la cuiller comme avait fait madame Journet, hocha la tête comme l'avait hochée madame Journet, et, au troisième ou quatrième coup de polissoir, rendit la cuiller à son propriétaire en disant. — « Ça ne tient pas, » exactement avec le même accent que l'avait dit madame Journet.

Mon ami n'avait absolument rien gagné à changer le brunissage contre le polissage, et madame Journet contre madame Nicolas; il y avait seulement vingt fois la course de la rue de Beaune à la rue de Matignon, qu'il y avait de la rue de Beaune à la rue de Verneuil.

N'importe, notre chimiste n'ayait pas été si loin pour s'arrêter au moment peut-être de toucher le but; car quelque chose lui disait sourdement au fond du cœur qu'il réussirait. Sans doute c'était la voix de l'humanité, qui réclamait pour les malheureux que sa découverte devait sauver de la maladie et de la mort.

Il revint neuf jours de suite — neuf jours encore il suivit avec une anxiété croissante le mouvement de l'instrument de fer qui, à chaque frottement, enlevait une parcelle de ses espérances. Neuf fois encore, il entendit prononcer d'une voix aussi terrible pour lui que le sera pour nous tous celle de l'ange du jugement — l'éternel : — Ça ne tient pas.

La neuvième fois, il revint chez lui le cœur serré, le front incliné vers la terre, se demandant si c'était la peine, quelque gloire, quelque argent, quelque reconnaissance que dût rapporter le succès, de poursuivre une si longue, une si incessante, une si douloureuse lutte; puis, arrivé chez lui, il jeta les yeux sur sa dernière cuiller d'argent, se demandant s'il la vendrait pour manger le lendemain, ou si au lieu de manger il essaierait une autre tentative.

Mon ami tomba sur un vieux fauteuil, qu'il rapprocha machinalement d'une table chargée de livres de chimie et éclairée par une chandelle. Hélas! le temps était loin où l'alchimiste allumait deux bougies pour s'assurer que la poussière contenue dans le ballon était bien de la poussière de diamant. De toute la splendeur aristocratique qui l'entourait à cette époque, il ne lui restait plus qu'une pauvre petite cuiller à café et cette cristallisation grosse comme une tête d'épingle que l'honnête joaillier auquel on l'avait présentée avait estimée vingt sous.

Il y a dans la vie de ces instants suprêmes où l'on sent que va se décider pour soi tout un avenir. Mon ami en était là. La lutte poussée au degré où elle était arrivée devait amener un triomphe prochain ou une chute imminente. Il laissa tomber sa tête entre ses deux mains, se courbant, martyr d'une idée, mais, comme les premiers chrétiens, plein de foi et d'espérance dans la doctrine qu'il confessait ; puis, après une heure de muette et solitaire méditation, il releva la tête, le regard étincelant de confiance et d'ardeur ; il venait de trouver une nouvelle combinaison, et il sentait au fond du cœur que celle-là devait réussir.

Il n'eut pas le courage d'attendre au lendemain; il courut rue du Colombier, monta quatre à quatre l'escalier qui conduisait à son laboratoire, alluma ses fourneaux, chauffa sa mixture, y trempa sa dernière cuiller; puis, au jour naissant, il courut chez madame Journet, qui ne l'avait pas vu depuis une semaine.

—Ah! ah! c'est vous, monsieur Henri, dit-elle. Tiens, tiens, tiens; moi je vous croyais mort.

—Non, ma bonne madame Journet, répondit mon ami; j'étais bien malade, c'est vrai, mais je crois que cette fois encore je n'en mourrai pas.

Et il tira sa petite cuiller de sa poche.

—Allons, reprit madame Journet en haussant les épaules, vous voilà donc encore avec votre tic.

Cette bonne madame Journet, elle appelait cela un tic.

—Que voulez-vous! dit mon ami, je me suis mis cela dans la tête; et quand j'ai une chose dans la tête, elle y est bien.

—Oh! oui, vous êtes pas mal entêté, vous. —Eh bien! nous allons donc encore frotter.

—Oui; j'ai trouvé un nouveau procédé, et je crois que, cette fois, ça tiendra.

— Pauvre garçon ! murmura madame Journet. Enfin, il y en a comme cela. C'est bien pour vous faire plaisir, allez, monsieur Henri, parce que, voyez-vous, ça ne peut pas tenir.

— Voyons, madame Journet !

— Voyons !

Et la bonne femme se mit à son établi, prit son brunissoir, et se mit à frotter à tour de bras.

— Oh ! fit-elle.

— Eh bien ? demanda Henri le cœur serré par toutes les angoisses de la crainte et de l'espérance.

— Oh !! reprit madame Journet de plus en étonnée.

— Eh bien ? continua mon ami.

— Oh !!! ça tient, s'écria-t-elle dans la plus profonde stupéfaction.

— Ça tient-il ? Voyons, franchement, dites, dites, madame Journet, ma chère madame Journet !

—Parole d'honneur!... Eh bien! en voilà une sévère, monsieur Henri, votre fortune est faite. Ne m'oubliez pas quand vous serez riche, et donnez-moi votre pratique en attendant.

Et elle remit au pauvre chimiste tout haletant sa cuiller, non seulement parfaitement dorée, mais encore parfaitement brunie.

Le problème était résolu. Mon ami descendit les cinq étages de madame Journet, comme s'il eût eu des ailes, et traversa l'intervalle qui sépare la rue de Verneuil de la rue du Bac, courant comme un fou, heurtant tout le monde, et se retenant à grand'peine de crier tout haut comme Archimède :

—Je l'ai trouvé, je l'ai trouvé!

Maintenant, il ne s'agissait plus que d'une chose : c'était d'arriver au résultat commercial.

Là était une difficulté plus grande peut-être qu'aucune des difficultés qu'avait surmontées mon ami. Pour arriver au point où il en était venu, il avait épuisé toutes ses ressources. Sa cuiller dorée et brunie lui restait bien comme échantillon ; mais, malgré cette preuve patente du succès, aucun de ceux auxquels il s'adressait n'avait la foi. Il fallait assurer ses droits par un brevet ; le brevet coûtait quinze cents francs. Il fallait continuer les expériences, pour passer sûrement du résultat scientifique au résultat commercial. Notre chimiste était arrivé à dorer sans mercure, mais il n'était pas arrivé à dorer sans or. Les expériences coûtaient plus cher encore que le brevet. Les spéculateurs les plus timides repoussaient tout bonnement l'ouverture, et les spéculateurs les plus hardis offraient jusqu'à trois cents francs de la cession d'un secret qui s'exploite aujourd'hui sur un capital de plus de cent mille écus.

Heureusement pour mon ami que le négociant pour lequel il avait fait autrefois ses expériences de teinture, connaissait assez de chimie pour apprécier le mérite de son invention. Ce fut un appui au moment où, plus fatigué peut-être de ses démarches infructueuses qu'il ne l'avait été de ses expériences inutiles, il allait plier sous la fatigue et sous l'humiliation des refus. Ce négociant, qui s'appelait M. Chappé, vint à son aide, aplanit tous les obstacles d'argent; dès lors les expériences se firent sur une plus grande échelle, et, comme dans toute invention nouvelle, les progrès abondèrent. Enfin on arriva à de nombreux résultats qui consistaient non-seulement dans l'application de l'or sur tous les métaux, mais encore dans l'application de tous les métaux les uns sur les autres.

Cependant la nouvelle découverte se répandait dans le monde savant. Chaque expérience, menée à bien, s'ébruitait au dehors. Madame Journet épouvantait ses pratiques, les doreurs au mercure, en leur annonçant qu'un procédé nouveau venait d'être trouvé par un jeune chimiste, qu'il allait ruiner leur commerce. Enfin la rumeur toujours croissante arriva jusqu'à M. Lamée, professeur de physique à l'École polytechnique, lequel vint trouver mon ami, et lui parla de présenter ses travaux à l'Académie des sciences. Mon ami, dans sa craintive modestie, prétendit que la découverte n'en valait pas la peine. M. Lamée insista, soutenant le contraire, et, comme on le comprend bien, détermina mon ami à faire les démarches nécessaires pour obtenir de ce docte corps l'examen de son procédé.

Alors commença la contre-partie de ce que mon pauvre ami avait eu à souffrir. Malheureusement le bruit s'était répandu que le chimiste avait été compositeur et avait eu deux succès, l'un au théâtre Saint-Charles de Naples, l'autre à l'Opéra de Paris. Le moyen qu'un compositeur inventât en chimie quelque chose que les hommes les plus profondément versés dans l'art cherchaient depuis cinquante ans sans l'avoir trouvé! C'était une prétention ridicule, c'était d'un amour-propre exagéré.

Une porte s'ouvrit cependant, c'était celle de M. Arago. Il est vrai que mon ami ne lui était nullement recommandé; mais, comme on le sait, c'est à ceux-là qui vous sont parfaitement étrangers, qu'il faut aller demander des services.

Aux premiers mots qu'il lut du mémoire que lui avait apporté mon ami, son regard perçant pénétra jusqu'au fond de cette admirable découverte. M. Arago tendit la main au jeune chimiste et se chargea de lire le mémoire à l'Institut, et de demander qu'il fût nommé une commission scientifique pour examiner la nouvelle découverte.

Le mémoire fut lu et écouté dans un religieux silence; puis, au moment où fut faite la demande d'examen, M. Dumas se leva, et, comme président de la commission des prix Montyon, demanda que l'affaire lui fût renvoyée.

Mon ami avait du bonheur. MM. Arago et Dumas étaient certainement les deux protecteurs qu'il se fût choisis lui-même s'il eût été libre de les choisir. M. Dumas est l'homme du travail spirituel, le chercheur de faits. Lorsqu'il met la main sur une découverte, il en fait jaillir à l'instant une lueur qui illumine la science tout entière; constamment impartial dans ses fonctions de rapporteur, il a toujours récompensé le mérite par l'éloge.

Souvent généreux, son éloge a été parfois chercher un inconnu ou étonner un ennemi. Il est vrai que quelques personnes l'ont accusé d'avoir choisi ce rôle par amour-propre. S'il en est ainsi, l'amour-propre doit être mis au nombre des vertus théologales, et prendre place à côté de la Foi, de l'Espérance et de la Charité.

Je ne connais personnellement ni M. Arago ni M. Dumas. Je ne crois pas même avoir parlé une seule fois dans ma vie ni à l'un ni à l'autre. Ce que j'en dis, c'est ce que j'en ai entendu dire, pas autre chose. Je ne suis donc pas même une louange, je ne suis qu'un écho.

Au mois de juin 1841 eut lieu la séance dans laquelle M. Dumas devait faire son rapport à l'Institut — mon ami assistait à cette séance — humble inconnu, caché dans un coin — c'était la récompense de ses trois ans de travaux, de zèle et de misère; — il s'attendait à un simple rapport, le discours de M. Dumas fut d'un bout à l'autre un éloge.

Que l'on juge de l'impression que produisit

un homme inconnu jusque-là en science, cette déclaration faite par un homme comme M. Dumas, que la France compte un grand chimiste de plus; que l'on comprenne l'éblouissement que doit produire la louange, quand la louange est inattendue, et qu'elle sort d'une bouche dont chaque mot porte avec lui la consécration au génie! Mon pauvre ami se tâtait, se regardait, s'interrogeait, il ne pouvait croire que ce fût de lui qu'il était question.

Au mois de juin 1842, c'est-à-dire un an après, l'Académie décerna le prix de six mille francs à *M. le vicomte Henri de Ruolz*, inventeur d'un nouveau procédé pour dorer sans mercure, et à partir de ce jour le nom de mon ami fut inscrit sur la liste des hommes dont le passage dans ce monde a été un bonheur pour l'humanité.

Maintenant je prie mes lecteurs de ne pas dire tout haut que le vicomte Henri de Ruolz, qui a trouvé le dorage sans mercure, est le même que le vicomte Henri de Ruolz qui a fait la partition de *Lara* au théâtre Saint-Charles de Naples, et de la *Vendetta* à l'Académie royale de Musique de Paris.

La chose pourrait lui faire du tort auprès des savants.

LA
VILLA PALMIERI.

LA VILLA PALMIERI.

CHAPITRE PREMIER.

LES FÊTES DE LA SAINT-JEAN A FLORENCE.

Pendant notre séjour à Florence, nous nous aperçûmes un soir, en ouvrant notre fenêtre, que le Dôme et le Campanile étaient illuminés; cette illumination annonçait pour le lendemain le commencement des fêtes de la Saint-Jean. Nous ne voulions perdre aucun détail de ces fêtes qu'on nous avait fort vantées d'avance à Gênes et à Livourne, et nous sortîmes aussitôt. Quoique nous fussions logés à une extrémité de la ville, nous nous trouvâmes, en mettant le pied dans la rue, au milieu d'une foule qui devenait de plus en plus compacte à mesure que nous nous approchions du cœur de la cité. Cette foule s'écoulait avec une sagesse et une convenance telles, que le silence de notre *palazzino*, situé, il est vrai, entre cour et jardin, n'avait pas été troublé; et si l'illumination du Dôme ne nous avait annoncé la fête, nous aurions pu passer toute notre soirée sans nous douter un instant que Florence entière était dans ses rues. C'est là un trait caractéristique des Italiens de la Toscane : les individus sont parfois bruyants, mais la foule est presque toujours silencieuse.

Florence est magnifique à voir la nuit, par un beau clair de lune; alors ses colonnes, ses églises, ses monuments, prennent un caractère grandiose qui efface et rejette dans l'ombre tous ces pauvres édifices modernes qu'on dirait faits pour des voyageurs d'un jour. Nous suivîmes la foule, la foule nous mena place du Dôme; il me sembla que je voyais l'église pour la première fois, tant ses proportions avaient grandi; le Campanile surtout paraissait gigantesque, et ses illuminations semblaient mêlées aux étoiles. Le baptistère de San-Giovanni était ouvert, et la châsse du saint exposée; l'église semblait pleine, et cependant on y entrait facilement; car à Florence, au lieu de réagir sans cesse contre les autres, comme on fait chez nous, chacun s'aide, chacun se presse, chacun se place, et on finit par être à l'aise là où l'on aurait cru d'abord devoir être infailliblement étouffé.

La religion me parut empreinte de ce même caractère de douceur que j'avais déjà remarqué dans tous les actes extérieurs du peuple. Dieu est traité à Florence avec une certaine familiarité respectueuse qui n'est point sans charmes, à peu près comme on traite le grand-duc, c'est-à-dire qu'on lui ôte son chapeau et qu'on lui sourit. Je ne sais, au reste, si on croit le premier beaucoup plus puissant que le second; mais, à coup sûr, on n'a pas l'air de le croire meilleur.

Le Baptistère était magnifiquement illuminé; aussi pûmes-nous distinguer beaucoup de détails qui nous avaient échappé lors de notre première visite. Dans les églises d'Italie, on y voit en général beaucoup moins clair le jour que la nuit. Nous remarquâmes particulièrement une statue, l'Espérance de Donatello; une Madeleine un peu maigre, d'une vérité un peu anatomique, du même auteur, mais pleine de repentir et d'humiliation; et enfin, le tombeau de Jean XXIII, toujours de Donatello, dont l'épitaphe: *Quondam papa*, souleva si fort la colère de Martin V, qu'il en écrivit au prieur, le marbre censuré ne devant, selon lui, conserver au défunt que le titre de cardinal, avec lequel il était mort.

C'est qu'aussi, il faut le dire, Balthazar Cozza fut un singulier pape. Gentilhomme napolitain sans fortune, il tenta d'en acquérir une en se faisant corsaire; un vœu fait au milieu d'une tempête le jeta dans les ordres, où, grâce à l'appui, aux recommandations et surtout à l'argent de Côme l'ancien, son ami, il fut nommé cardinal-diacre. Alors l'ancien corsaire se fit marchand d'indulgences, et il paraît qu'il réussit mieux dans cette seconde spéculation que dans la première; car, à la mort d'Alexandre V, qu'il fut soupçonné d'avoir fait assassiner, il se trouva assez riche pour acheter le conclave. Cependant Balthazar ne fut pas nommé, comme il s'y attendait, au premier tour de scrutin ; alors il se revêtit lui-même de la toge pontificale, en s'écriant, comme par inspiration : *Ego sum papa.* Le concile, intimidé de son audace, confirma l'élection, sans même recourir à un second tour de scrutin, et Balthazar Cozza fut exalté sous le nom de Jean XXIII. Cela faisait le troisième pape vivant : les deux autres étaient Grégoire XII et Benoît XIII.

Au reste, le dernier venu ne donna point un meilleur exemple que les autres ; étant cardinal, il avait fait des vers dans lesquels il niait l'immortalité de l'âme, l'enfer et le paradis ; devenu pape, le premier acte de son pouvoir fut d'enlever à son mari une femme dont il était amoureux depuis long-temps, et avec laquelle il vécut publiquement ; cela ne l'empêcha point de censurer les mœurs de Ladislas, roi de Naples. Ladislas n'aimait point les censures ; il répondit fort brutalement à son ancien sujet que, lorsqu'on menait une vie pareille à la sienne, on avait mauvaise grâce à reprendre les autres sur leur manière de vivre. Jean XXIII, qui, en sa qualité d'excorsaire, n'était pas pour les demi-mesures, excommunia Ladislas. Ladislas leva une armée et marcha contre le pape; mais, à son tour, le pape prêcha une croisade et marcha contre le roi. Ladislas fut battu, et détrôné par un bref. Ladislas alors fit ce qu'avait fait Jean XXIII : il racheta sa couronne, comme Jean XXIII avait acheté la tiare; la paix se fit, mais ne fut pas de longue durée. Grégoire XII, tout exilé qu'il était et vivant des aumônes d'un petit tyran de Rimini, foudroyait rois et pape; ces excommunications perpétuelles tourmentaient Jean XXIII, qui voyait l'Église s'émouvoir de tous ces scandales. Il demanda à Ladislas de lui livrer Grégoire XII. Ladislas demanda Grégoire au seigneur de Rimini, qui répondit que c'était son pape, à lui, le seul qu'il reconnût, le seul infaillible à ses yeux, et que par conséquent, au lieu de le livrer à ses ennemis, il le défendrait contre quiconque voudrait le lui prendre. Jean XXIII crut qu'il y avait de la faute de Ladislas dans le refus, et, au lieu de se fâcher contre le seigneur de Rimini, se fâcha contre Ladislas. La guerre recommença donc; mais cette fois Ladislas fut vainqueur; Jean XXIII quitta Rome et s'enfuit; Ladislas s'empara sans résistance de la ville éternelle : c'était la troisième fois depuis qu'il était roi qu'il pillait le Vatican. Il poursuivit alors Jean XXIII jusqu'à Pérouse, où il fut empoisonné, par le père de sa maîtresse, d'une si étrange façon qu'elle peut à peine se raconter. Le père était apothicaire; gagné, on devine par qui, il cherchait une occasion d'empoisonner le roi de Naples, lorsque sa fille vint se plaindre à lui de ne plus trouver d'amour chez Ladislas. Le père alors lui donna une certaine pommade avec laquelle il lui recommanda de se frotter, lui promettant que cette pommade aurait la vertu de ramener son infidèle. La pauvre fille crut son père, et suivit de point en point ses instructions. Le lendemain du jour où elle avait eu l'occasion de faire cet essai, elle était morte. Quant à Ladislas, il ne lui survécut que huit jours.

Tout cela est fort immonde, comme on le voit. Enfin un concile s'assembla qui déposa les trois papes d'un coup, et en nomma un quatrième, Martin V. Grégoire XII envoya de Rimini son acte d'abdication volontaire; Benoît XIII était en Espagne et continua de résister. Enfin Jean XXIII, d'abord président de l'assemblée, puis en lutte avec Sigismond, puis fugitif, puis prisonnier, puis déposé, finit par se réfugier près de son ami Côme, à Florence, où il mourut. Côme, fidèle jusqu'après la mort de Jean à l'amitié qu'il lui portait, chargea Donatello de lui élever un tombeau, fit l'épitaphe lui-même, et, lorsque Martin V tenta de la faire gratter, se contenta d'adresser au pape légitime cette réponse à laquelle son laconisme n'ôtait rien de sa précision : *Quod scripsi, scripsi.* Plus heureux après sa mort que pendant sa vie, Jean XXIII, qui était redevenu cardinal par jugement du concile, resta pape par l'épitaphe de son tombeau.

Nous continuâmes de suivre la foule qui s'écoulait, toujours pressée et silencieuse, par la *via dei Cerretani;* puis, comme elle se séparait en deux flots, nous prîmes à gauche, et au bout d'un instant nous nous trouvâmes en face du magnifique palais Strozzi, qui, à plus juste titre que beaucoup d'autres monuments, éveillait la verve laudative de Vasari.

En effet, le palais Strozzi n'est pas seulement grandiose et magnifique, il est prodigieux ; ce ne sont point des pierres jointes par la chaux et le ciment, c'est une masse taillée dans le roc. Aucune chronique, si élégante, si détaillée, si pittoresque qu'elle soit, ne fera comprendre comme ce livre de pierre les habitudes, les mœurs, les coutumes, les jalousies, les amours et les haines du quinzième siècle. La féodalité tout entière, avec sa puissance individuelle, est là ; lorsqu'une fois un homme était assez riche pour se faire bâtir une pareille forteresse, rien ne l'empêchait plus de déclarer la guerre à son roi.

Ce fut Benoît de Majano qui, sur l'ordre de Philippe Strozzi le vieux, fit le plan et jeta les fondations de ce beau palais ; mais il ne conduisit les travaux que jusqu'au second étage. Il en était là lorsqu'il fut forcé de partir pour Rome. Heureusement, à cette époque même, arriva à Florence un cousin de Pollajolo, que l'on avait surnommé Cronaca, ou la Chronique, à cause de l'habitude qu'il avait prise de raconter à tout venant et à tout propos son voyage de Rome. Ce voyage, quelque ridicule qu'il eût jeté sur l'homme, n'avait cependant point été inutile à l'artiste. Cronaca avait profondément étudié les chefs-d'œuvre de l'antiquité, et il en donna une preuve en faisant le magnifique entablement interrompu à la moitié de son exécution par les troubles de Florence et par l'exil des Strozzi.

Tout est remarquable dans ce beau palais, tout, jusqu'aux anneaux de fer où les cavaliers attachaient leurs chevaux, jusqu'aux lanternes que, suivant le privilége de la noblesse, ses puissants maîtres allumaient les jours de solennité. Il est vrai que ces anneaux et ces lanternes sont l'ouvrage de Nicolas Grosso, que Laurent-le-Magnifique avait surnommé Nicolas-des-Arrhes (Caparra), nom qui lui resta, parce qu'il ne voulait rien faire qu'il n'eût reçu des *arrhes*, ni rien livrer qu'il n'eût touché la totalité du paiement. Il faut dire aussi que jamais sobriquet ne fut plus mérité, Nicolas-

des-Arrhes avait fait peindre une enseigne qu'il avait mise au-devant de sa boutique et qui représentait des livres de compte au milieu des flammes. Chaque fois qu'on lui demandait crédit, ne fût-ce que pour une heure, il conduisait l'indiscrète pratique sur le pas de sa porte, lui montrait son enseigne, et lui disait :
— Vous voyez bien que je ne puis pas vous faire crédit, mes registres brûlent.

Il va sans dire que cette rigidité de principes s'appliquait à toute personne distinctement. Un jour, la seigneurie lui avait commandé une paire de chenets, et, selon la règle posée par Nicolas, lui avait donné à titre d'arrhes la moitié du prix. Les chenets terminés, Nicolas fit prévenir la seigneurie qu'elle pouvait envoyer le reste de l'argent, attendu que les chenets étaient prêts. On vint alors dire à Nicolas, de la part du provéditeur, qu'il apportât les chenets et qu'on lui réglerait son compte; ce à quoi Nicolas répondit que les chenets ne sortiraient pas de sa boutique que leur prix ne fût encaissé. Le provéditeur furieux envoya un de ses sergents avec ordre de dire à Nicolas que son refus était étrange, attendu que sa fourniture lui était déjà payée à moitié : — C'est juste, dit Nicolas, et il donna au sergent un des deux chenets. Ne pouvant tirer de lui autre chose, le sergent porta son échantillon au provéditeur, et celui-ci en trouva le travail si merveilleux qu'il envoya aussitôt le reste de l'argent pour avoir l'autre; il était temps, le malheureux chenet était entre l'enclume et le marteau, et le féroce Nicolas-des-Arrhes levait déjà le bras pour le briser.

Quelle époque admirable que celle où tout le monde aimait les arts, même les seigneuries, et où tout le monde était artiste, même les serruriers! Aussi voyait-on s'élever des palais dont toute une ville était si fière, que, lorsque Charles VIII fit son entrée à Florence, la seigneurie, malgré la préoccupation du prince, voulut lui faire admirer sa merveille, et dirigea sa marche vers le chef-d'œuvre de Benoit de Majano. Mais le rustique roi de France était encore tant soit peu barbare, de sorte qu'il se contenta de jeter un coup d'œil sur le splendide édifice, et se retournant vers Pierre Capponi qui l'accompagnait : — C'est la *maison* de Strozzi, n'est-ce pas? lui dit-il. — Oui, *monsieur*, lui répondit Pierre Capponi, commettant à l'égard du roi la même insolence que le roi, à son avis, commettait à l'égard du palais.

Ce palais appartient en effet à cette grande famille des Strozzi, qui existe encore aujourd'hui, et qui donna un maréchal à la France. Jusqu'à l'abolition de la pairie héréditaire, nous avons eu un pair de ce nom ; et le chef de la famille Strozzi, se regardant toujours comme Français, écrivait au roi de France au jour de l'an et au jour de sa fête.

Il y a quelque temps que les enfants du duc actuel, en jouant dans des chambres abandonnées depuis long-temps, trouvèrent un appartement composé d'une douzaine de pièces et parfaitement inconnu au propriétaire de cet immense hôtel. La porte avait été murée il y avait quelque deux ou trois cents ans, et personne ne s'était jamais aperçu, tant ce palais est vaste, qu'il y manquât le quart d'un étage.

Ce fut le fils du fondateur de ce beau palais, le fameux Philippe Strozzi, qui accueillit l'assassin d'Alexandre de Médicis, Lorenzino, à son arrivée à Venise, en l'appelant le Brutus de Florence, et en lui demandant la main de ses deux sœurs pour ses deux fils. C'est que, tout marié qu'il était à une fille de Pierre de Médicis, Philippe Strozzi n'en était pas moins resté un des plus fermes défenseurs de la république. Aussi, lorsque la liberté florentine tomba, le jour où Alexandre fit son entrée dans la capitale de son duché, Philippe Strozzi, inhabile à la servitude, se retira à Venise, où bientôt il apprit que le bâtard de Laurent l'avait mis au ban de l'État. L'accueil qu'il fit à Lorenzino avait donc un double motif : non-seulement Lorenzino venait de délivrer Florence de son oppresseur, mais encore il rouvrait au proscrit (du moins il le croyait ainsi) le chemin de sa patrie. Mais pendant que les bannis joyeux se réunissaient et discutaient le moyen le plus prompt et le plus sûr de rentrer dans Florence, ils apprirent que Côme avait été nommé chef et gouverneur de la république, et qu'une des quatre conditions auxquelles il avait été élu était de venger la mort d'Alexandre. Ils comprirent dès lors que leur rentrée dans la patrie ne serait pas aussi facile qu'ils l'avaient espéré; cependant, songeant que le nouveau gouverneur n'avait que dix-huit ans, ils espérèrent tout de l'ignorance et de la légèreté que semblait annoncer son âge. Mais l'enfant joua les barbes grises au jeu de la politique et au jeu de la guerre. Toutes les conspirations furent découvertes et déjouées; et comme enfin les proscrits s'étaient réunis et avaient décidé de risquer une bataille, après onze ans d'attente et de tentatives infructueuses, Alexandre Vitelli, lieutenant de Côme, remporta sur eux, à Montemurlo, une victoire complète. Pierre Strozzi n'échappa à la mort qu'en se couchant parmi les cadavres, et Philippe, pris sur le champ de bataille qu'il ne voulut point abandonner, fut ramené à Florence et enfermé dans la citadelle.

Par un étrange jeu de fortune, cette citadelle était la même que, dans une discussion secrète tenue devant le pape Clément VII, Philippe Strozzi avait conseillé à ce pontife de faire bâtir, et cela contre l'avis du cardinal Jacopo Salviati. Ce dernier, surpris de cette obstination singulière, qui semblait avoir un caractère providentiel et fatal, ne put s'empêcher de dire à Philippe : « Plaise à Dieu, Strozzi, qu'en faisant bâtir cette forteresse tu ne fasses pas bâtir ton tombeau! » Aussi, à peine Strozzi fut-il enfermé entre ces murs qui étaient sortis de terre à sa voix, que la prophétie de Salviati lui revint en mémoire et qu'à compter de ce moment il regarda le terme de sa vie comme arrivé.

Mais à cette époque on ne mourait pas ainsi; il fallait avant tout passer par la torture. Philippe Strozzi, à qui on voulait faire avouer qu'il avait eu part à l'assassinat du duc Alexandre, fut mis plusieurs fois à la question; mais, au milieu des tourments les plus terribles, son courage ne se démentit pas un instant, et il dit constamment à ses bourreaux qu'il ne pouvait confesser une chose qui n'était pas vraie.

Mais si, ajoutait-il, l'aveu de l'intention leur suffisait, il était mille fois plus coupable que celui qui avait tué Alexandre, car il aurait voulu le tuer mille fois. Enfin, les bourreaux lassés allaient peut-être obtenir de Côme de cesser sur Strozzi des tortures inutiles, lorsqu'un jour un des soldats qui avaient accompagné le geôlier déposa, soit par hasard, soit à dessein, son épée sur une chaise, et sortit sans la reprendre. La résolution de Strozzi fut prompte; il n'espérait plus de liberté ni pour lui ni pour sa patrie : il alla droit à l'épée, la tira du fourreau, s'assura de la pointe et du tranchant, revint à une table où étaient du papier et de l'encre qu'on lui avait laissés dans le cas où il se déciderait à faire des aveux, écrivit quelques lignes d'une main aussi ferme et aussi assurée que si ce n'eût point été les dernières qu'il dût tracer; puis, appuyant la poignée de l'épée au mur et la pointe à sa poitrine, il se laissa tomber dessus. Cependant, quoique l'épée lui eût traversé le corps, il ne mourut pas sur le coup, car on trouva tracé sur le mur, avec son sang, ce vers de Virgile :

Exoriare aliquis nostris ex ossibus ultor.

Quant aux quelques lignes écrites sur le papier, en voici la traduction littérale :

« AU DIEU LIBÉRATEUR.

» Pour ne pas demeurer plus long-temps au pouvoir de mes ennemis, et pour ne point davantage être tourmenté par des tortures dont la violence me ferait peut-être dire ou faire des choses préjudiciables à mon honneur et aux intérêts de parents et d'amis innocents, chose qui est arrivée ces jours derniers au malheureux Giuliano Gondi ; moi, Philippe Strozzi, je me suis décidé, quelque répugnance que j'éprouve pour un suicide, à finir mes jours par ma propre main.

» Je recommande mon âme au Dieu de toute miséricorde, le priant humblement, s'il ne veut pas lui accorder d'autre bonheur, de permettre au moins qu'elle habite le même lieu qu'habitent Caton d'Utique et les autres hommes vertueux qui sont morts comme lui et comme moi. »

A quelques pas du palais du vaincu est la

colonne élevée par le vainqueur : cette colonne avait été donnée à Côme par le pape Pie IV; il la fit dresser à la place même où il apprit le résultat de la bataille de Montemurlo; elle est surmontée d'une statue de la Justice. Peut-être Côme eût-il mieux fait de la placer autre part, ou de la garder pour une meilleure occasion.

Derrière la colonne est l'emplacement de l'ancien palais de ce Buondelmonte dont le nom se rattache aux premiers troubles qui agitèrent les deux factions guelfe et gibeline de Florence; en face de la colonne est la sombre et magnifique forteresse des comtes Acciajoli, derniers ducs d'Athènes. Il y a certains quartiers de Florence dans lesquels on ne peut faire un pas sans heurter un souvenir; seulement le passé y est tant soit peu dépoétisé par le présent : le palais Buondelmonte, par exemple, est devenu un cabinet littéraire, et la forteresse des ducs d'Athènes s'est métamorphosée en auberge.

Cette forteresse, au reste, était on ne peut plus judicieusement placée; elle commandait l'ancien pont de la Trinité, bâti en 1252, et qui, ayant été ruiné en 1557 par une crue de l'Arno, fut relevé par l'Ammanato sur un dessin de Michel-Ange. C'est peut-être un des ponts les plus gracieux et les plus légers qui existent.

En cet endroit la foule se divisait, laissant ce beau pont de la Trinité presque vide, comme si ce n'eût point été fête de l'autre côté de l'Arno; elle remontait vers le Ponte-Vecchio et le Ponte-alla-Caraja. Nous suivîmes le flot qui descendait avec le fleuve, et nous passâmes successivement devant les fenêtres du casino de la Noblesse, devant la maison où Alfieri, après avoir passé les dix dernières années de sa vie, mourut en 1803; devant le palais Gianfigliazzi, occupé aujourd'hui par le comte de Saint-Leu, ex-roi de Hollande; et devant le palais Corsini, magnifique édifice du temps de Louis XIV, qui occupe à lui seul la moitié du quai, et qui préparait alors dans le silence et l'obscurité la royale hospitalité qu'il devait donner le surlendemain à la moitié de Florence.

Il commençait à se faire tard, et nous étions tant soit peu fatigués de nos courses de la journée. Notre course du soir ne nous promettait pas d'autre variété qu'une promenade plus ou moins longue; nous nous acheminâmes vers notre palazzo, de plus en plus émerveillés de la joyeuse humeur de ce bon peuple toscan, qui se met en fête dès la veille, sur la promesse d'une fête pour le lendemain.

La nuit fut terrible : les cloches, qui ordinairement n'allaient que les unes après les autres, s'étaient mises en fête à leur tour et sonnaient toutes en même temps. Il n'y avait pas le plus petit couvent, pas la plus chétive église, qui ne jouât sa partie dans ce concert aérien, si bien que je doute fort qu'il y ait une seule personne qui ait fermé l'œil à Florence dans la nuit du 22 au 23 juin. Quant à nous, nous la passâmes à peu près tout entière à regarder les illuminations du Dôme et du Campanile, qui ne s'effacèrent qu'avec les étoiles dans les premiers rayons du jour; il en résulta pour notre collection un magnifique dessin que Jadin fit au clair de lune.

Toutes les heures de la journée étaient prises d'avance; il y avait à dix heures grand déjeuner chez le marquis Torrigiani, à midi concert à la Philharmonique, à trois heures Corso, et à huit heures théâtre avec grand gala.

Nous n'avions point encore été présentés au marquis Torrigiani, et par conséquent nous ne pouvions être de son déjeuner; ce que nous regrettions fort, non point, comme on pourrait le croire, pour son cuisinier, mais pour le marquis lui-même. En effet, le marquis Torrigiani, dont la noblesse remonte aux premiers jours de la république, a l'une des maisons les plus aristocratiques de Florence. Une invitation au palais Torrigiani l'hiver, et au casino Torrigiani l'été, est la consécration obligée de tout mérite supérieur, que ce mérite soit légué par les ancêtres ou acquis personnellement. Quand on a été invité chez le marquis Torrigiani, il n'y a plus d'informations à prendre sur vous; on peut être, on doit même être invité partout : vous avez vos preuves signées par d'Hozier.

En revanche, nous étions invités au concert de la Philharmonique. Que nos lecteurs nous permettent de mettre textuellement le programme sous leurs yeux, et ils jugeront eux-mêmes si les billets devaient être recherchés.

PREMIÈRE PARTIE.

I. Florimo. — L'*Ave Maria*, prière à quatre voix, exécutée par la princesse ÉLISE PONIATOWSKI, madame LATY, et les princes CHARLES et JOSEPH PONIATOWSKI.

II. Rossini. — *Semiramide*, duo exécuté par madame LATY et le prince CHARLES PONIATOWSKI.

III. Donizetti. — *Lucia de Lammermoor*, air final exécuté par le prince JOSEPH PONIATOWSKI.

IV. Mercadante. — *Giuramento*, quartetto exécuté par la princesse PONIATOWSKI, madame LATY, et les princes CHARLES et JOSEPH PONIATOWSKI.

SECONDE PARTIE.

V. Hérold. — Ouverture de *Zampa*.

VI. Bellini. — *Puritani*, duo exécuté par la princesse Élise et le prince Joseph Poniatowski.

VII. Georgetti. — Variations sur un thème de *la Sonnambula*, exécuté sur le violon par M. Giovacchino Giovacchini.

VIII. Bellini. — *La Sonnambula*, air final exécuté par la princesse Élise Poniatowski.

Comme on le voit, à part la coopération donnée par madame Laty et par M. Giovacchino Giovacchini, la matinée musicale était défrayée entièrement par les princes Poniatowski; il était donc, on en conviendra, difficile de voir un concert plus aristocratique; les exécutants descendaient en droite ligne d'un prince régnant il y a à peine un demi-siècle. Il est vrai qu'ils avaient dans leur auditoire trois ou quatre rois détrônés. Cependant comme une matinée musicale ne tire pas son principal charme du parfum d'aristocratie qu'elle répand autour d'elle, nous n'étions pas, il faut l'avouer, sans quelque crainte à l'endroit de l'exécution. Pour mon compte, j'avais en mémoire certains concerts d'amateurs auxquels, à mon corps défendant, j'avais assisté en France, et qui m'avaient laissé d'assez tristes souvenirs. La seule différence que je voyais entre ceux que j'avais entendus et celui que j'allais entendre était dans la qualité des artistes, et je ne croyais pas que le titre de prince fût une garantie suffisante pour la tranquillité de mes oreilles. Je ne m'en rendis pas moins à l'heure indiquée à la salle de concert située sur l'emplacement des *Stinche*, qui sont les anciennes prisons de la ville. Telle est la progression des choses dans cette bonne et belle Florence. Si Dante y revenait, il trouverait probablement son Enfer changé en salle de bal.

La salle, si grande qu'elle fût, était comble; cependant, grâce à l'attention des commissaires auxquels nous étions recommandés, nous parvînmes à trouver place. Bientôt la princesse Élisa entra, conduite par le prince Joseph; madame Laty la suivait, conduite par le prince Charles; à leur vue, la salle tout entière éclata en applaudissements. Cela ne prouvait rien; dans tous les pays du monde, ou applaudit une jolie femme, et la princesse Élisa est une des personnes les plus gracieuses et les plus distinguées qui se puissent voir.

Nos amateurs étaient visiblement émus; en effet, dès que l'on veut monter au rang d'artiste, il faut que le talent réponde à la prétention : un parterre, fût-il composé individuellement de grands seigneurs, devient un corps essentiellement démocratique par le fait même qu'il est un parterre. Au reste, cette crainte fut d'avance, pour moi, une preuve de supériorité : des chanteurs médiocres eussent eu plus d'aplomb.

Dès les premières notes, notre étonnement fut grand : ce n'étaient point des amateurs que nous entendions, c'étaient d'admirables artistes; il serait peut-être impossible de trouver, même sur les meilleurs théâtres de France et d'Italie, trois voix qui se mariassent plus harmonieusement ensemble que celles de la princesse Élise, du prince Joseph et du prince Charles; en fermant les yeux, on pouvait se croire aux Bouffes, et parier pour Persiani,

Rubini et Tamburini. En rouvrant les yeux seulement on se retrouvait en face de gens du monde. Tout le concert fut chanté avec cette supériorité d'exécution qui m'avait si prodigieusement étonné au premier morceau, et qui se soutint jusqu'au dernier. La séance finit, comme elle s'était ouverte, par des tonnerres d'applaudissements; les illustres exécutants, rappelés dix fois, revinrent dix fois saluer leur frénétique auditoire. C'est que les princes Poniatowski appartiennent à une famille privilégiée, et que, s'ils perdaient leur fortune comme ils ont perdu leur trône, ils pourraient s'en refaire de leurs propres mains une aussi belle et peut-être bien aussi illustre que celle que leur père leur a léguée. En effet, on ne peut être à la fois plus grand seigneur et plus artiste que le prince Charles et le prince Joseph : le dernier en outre est poète et musicien; il a donné, pendant notre séjour à Florence, deux opéras de premier ordre, l'un sérieux, l'autre bouffe; le premier intitulé *Procida*; le second, *Don Desiderio*; tous deux ont obtenu un succès de fanatisme. Mais aussi il faut dire que le prince Joseph a un grand avantage sur la plupart des compositeurs : son opéra fini, il appelle son frère et sa belle-sœur, leur distribue à chacun leur partie, et garde la sienne. Tous trois se mettent à l'étude; un mois après, toute la société florentine est invitée à la salle Steindich, qui est le théâtre Castellane de Florence. Là, l'opéra est joué et chanté devant un public parfaitement mélomane, dont toutes les impressions sont étudiées par le maestro, auquel elles arrivent d'autant plus complètes qu'il est à la fois auteur et acteur. Il est vrai qu'il y a un point sur lequel on peut se tromper : c'est que, dans ces représentations préparatoires, l'opéra est souvent infiniment mieux exécuté qu'il ne le sera à la représentation définitive.

Lorsque nous partîmes de Florence, le prince Joseph, déjà salué par toute l'Italie du nom de maestro, composait un troisième opéra pour le théâtre de la Fenice à Venise.

Le concert avait fini à trois heures; nous avions juste le temps de rentrer chez nous, de dîner et d'aller prendre la file au Corso. Le

Corso, comme l'indique son nom, est une promenade dont le lieu varie selon les circonstances. Cette fois elle s'étendait de la porte al Prato au palais Pitti, passant d'une rive à l'autre de l'Arno et traversant le pont de la Trinité. Le Corso est, comme la Pergola, la réunion de toutes les élégances indigènes et exotiques. C'est le Longchamps de Florence, avec un beau ciel et vingt degrés de chaleur au lieu de trois degrés de froid. Là tout ce qui a un nom, que ce nom soit en *i* ou en *o*, en *off* ou en *ieff*, en *ka* ou en *ki*, vient rivaliser de luxe. Il en résulte que Florence, proportion gardée, est peut-être la ville du monde où il y a non-seulement les équipages les plus nombreux, mais aussi les équipages les plus magnifiques. Là encore nous retrouvâmes toute la famille Poniatowski; seulement les artistes étaient redevenus princes.

Pendant deux heures chacun se promène, non pas pour se promener, mais pour montrer sa voiture et ses livrées. Les équipages les plus riches et les plus élégants sont ceux des princes Poniatowski, du comte Griffeo et du baron de la Gherardesca. Disons en passant que ce dernier est le seul descendant d'Ugolin, ce qui prouve, quoi qu'en dise Dante, que son aïeul n'a pas mangé tous ses fils.

Le Corso fini, chacun rentre en toute hâte pour faire toilette; le Corso n'est qu'une espèce d'escarmouche, une affaire d'avant-garde; on s'est donné en passant rendez-vous à la Pergola pour le combat général. C'est que, contre son habitude, la Pergola, ce soir-là, doit être parfaitement éclairée. C'est, nous l'avons dit, jour de gala. Or le gala consiste à ajouter à l'illumination ordinaire un faisceau de huit ou dix bougies pour chaque loge. Mais les loges s'entêtent, et plus la salle s'éclaire, plus elles restent obscures. C'est beaucoup plus commode pour être chez soi, c'est vrai, mais c'est beaucoup moins avantageux pour les femmes que nos loges découvertes.

Ce qu'il y avait ce soir-là de diamants et de dentelles à la Pergola est incalculable. Toutes les vieilles richesses de ces vieilles familles étaient sorties de leurs écrins et de leurs bahuts. La salle ruisselait de pierreries; cependant les victorieuses étaient la princesse Corsini, la princesse Élise Poniatowski et la duchesse de Casigliano.

Je ne sais pas pourquoi on chante dans les salles d'Italie, à moins que ce ne soit par un de ces restes d'habitudes qu'on ne peut déraciner. Il n'y a pas, pendant les trois heures que dure le spectacle, une personne qui regarde ou qui écoute ce qui se passe sur la scène, à moins, comme je l'ai déjà dit, qu'il n'y ait ballet. Chacun cause ou lorgne, et la musique, on le comprend, ne peut que nuire à la conversation. Voilà le secret de la préférence que les Italiens ont pour les accompagnements peu instrumentés : ils ne pouvaient pardonner à Meyerbeer d'être obligés de l'écouter.

Les jours de gala, le grand-duc assiste régulièrement à la représentation avec sa famille. Aussitôt qu'il arrive dans sa loge, chacun se retourne, salue et applaudit; puis chacun se remet en place, se recouvre, et il n'en est plus question. Sa présence, au reste, n'influe ni sur les chutes, ni sur les succès, et elle n'opère ni sur les sifflets ni sur les applaudissements. En Toscane, on ne sent la présence du souverain que comme on sent celle du soleil, par la chaleur et le bien-être qu'il répand. Partout où il est, la joie est plus grande, voilà tout.

A onze heures et demie en général, le spectacle finit. Ce n'est qu'en Allemagne qu'on se couche à dix heures, et que l'on quitte la salle à huit heures et demie pour aller souper. En Italie, on mange peu, et on ne soupe que dans le carnaval; les gourmands sont des exceptions, on les montre au doigt, et on les vénère.

Après la Pergola, il y a un second spectacle, c'est le foyer : au foyer il y a raoût; au lieu de sortir en presse, comme on fait chez nous, et d'attendre sa voiture dans le vestibule ou dans les escaliers, on entre dans une grande salle attenante au théâtre, bien fraîche l'été, bien chaude l'hiver, et l'on organise la journée du lendemain. Il y a là quelque chose de curieux, non-seulement à voir, mais à écouter: ce sont les noms qu'on appelle : en dix minutes, vous passez en revue les Corsini, les Pazzi, les Gherardesca, les Albizzi, les Capponi, les Guicciardini, tous noms splendidement historiques qui, depuis le douzième et le treizième siècle, retentissent dans l'histoire ; vous vous croiriez encore au beau temps du gonfalonat, et vous vous attendez à chaque instant à voir entrer ou sortir Laurent-le-Magnifique.

A une heure à peu près nous rentrâmes chez nous. Les cloches faisaient leur vacarme, mais cette fois je me bourrai les oreilles de coton, et dormis comme un sourd ; ce fut le soleil qui me réveilla.

Il y avait, ce jour-là, course en char, Corso, illumination sur l'Arno, et bal au casino de la Noblesse. Ce temps n'était pas encore trop mal employé. Les courses en char étaient fixées pour une heure; elles ont lieu sur la place Sainte-Marie-Nouvelle, dont toutes les fenêtres deviennent l'objet de l'ambition générale. Heureux, ou plutôt malheureux ceux qui demeurent sur cette place : il faut qu'ils trouvent place chez eux pour toutes leurs connaissances quinze jours à l'avance, c'est un travail à en perdre la tête.

Nous n'avions eu à nous occuper de rien; l'étranger est l'élu de Florence. Pourvu qu'il soit bien recommandé, il peut vivre dégagé de tout soin. On le prend chez lui, on le mène en voiture, on lui fait voir les fêtes, on le conduit au spectacle, on le ramène à la maison. C'est un devoir presque national de l'amuser, et on fait tout ce qu'on peut pour cela. Malheureusement, l'étranger a en général le caractère morose et ingrat; s'il s'amuse, il ne veut pas en convenir; et une fois qu'il a quitté la ville, il remercie ceux qui l'ont amusé en disant du mal d'eux. Par bonheur encore, les Florentins ne se découragent pas pour si peu; ce qu'ils font, sans doute ils le font parce qu'ils doivent le faire, et ils pensent que l'hospitalité, comme toutes les vertus, a sa récompense en elle-même.

Le prince Joseph Poniatowski nous donnait un gage de cette obligeance convenue, et cependant si mal récompensée : le prince s'était chargé de nous, et devait nous conduire chez M. Finzi, dont les fenêtres donnent sur la place Sainte-Marie-Nouvelle; il vint nous chercher, non pas à l'heure dite, mais une demi-heure auparavant. Ce n'était pas trop tôt pour être sûr d'avoir des places sur le balcon.

La place Sainte-Marie-Nouvelle est une des plus gracieuses de Florence; c'est là que s'élève cette charmante église que Michel-Ange appelait sa femme. Là aussi Boccace a placé la rencontre des sept jeunes Florentines qui, après la peste de 1348, forment le projet de se retirer à la campagne pour y raconter ces fameuses nouvelles qui donneraient une singulière idée des mœurs des dames de cette époque, s'il fallait en croire le poète sur parole.

L'église de Sainte-Marie-Nouvelle tient au dedans tout ce qu'elle promet au dehors : on y entre par une porte d'Alberti, comparable à tout ce qui a été fait de plus beau en ce genre ; et une fois entré, on y trouve une galerie de fresques et de tableaux d'autant plus curieuse, qu'elle s'étend des maîtres grecs aux auteurs contemporains.

Le moment était bon pour voir ce qui reste des premiers : leurs peintures sont ensevelies dans une chapelle souterraine où restent en dépôt, pendant trois cent cinquante jours de l'année, les estrades et gradins qu'on en tire tous les six mois pour en faire des amphithéâtres publics lors des courses des Barberi. Or, comme les courses devaient avoir lieu le lendemain, la chapelle était parfaitement vide; il est vrai que je n'en fus guère plus avancé pour cela : le temps et l'humidité ont fait chacun son office, et il ne reste que bien peu de traces de ces pinceaux byzantins auxquels Florence dut son Cimabue.

En revanche, si les fresques des maîtres sont à peu près perdues, le tableau de l'élève est parfaitement conservé : c'est cette fameuse Madone entourée d'anges que Charles d'Anjou ne dédaigna point d'aller visiter à l'atelier même de l'artiste, et qui fut portée à l'église, précédée des trompettes de la république et suivie de toute la seigneurie de Florence. On comprendra cet enthousiasme, en faisant ce que j'ai fait, c'est-à-dire en passant des peintures byzantines à la peinture nationale. Autrement il serait difficile de se placer au point de vue des enthousiastes du treizième siècle. Puis, si l'on veut suivre les progrès de l'art, de la Madone de Cimabue on passera à la chapelle des Strozzi, où André et Bernard Orgagna, ces deux géants de poésie, ont peint l'enfer et le paradis. Dans l'enfer, les chercheurs d'anecdotes reconnaîtront, au papier qui décore son bonnet, l'huissier qui, le jour même où André reçut la commande de Strozzi le vieux, avait saisi les meubles de l'artiste; de là ils iront chercher les fresques peintes en l'honneur des apôtres Philippe et Jean par frère Lippi; puis ils passeront derrière l'autel, et trouveront dans le chœur le chef-d'œuvre de Guirlandajo, cette chapelle où Michel-Ange rêva la chapelle Sixtine; ils termineront leurs investigations par le *Saint Laurent* de Machetti, par le *Martyre de sainte Catherine* de Bugiardi, dont Michel-Ange a dessiné les soldats. Enfin ils s'inclineront devant les Crucifix de Giotto et de Brunelleschi, ces deux chefs-d'œuvre, l'un de naïve résignation, et l'autre de patiente souffrance; ce fut ce dernier qui fit dire à

Donatello : « C'est à toi, Brunelleschi, de faire des Christs, et à moi de faire des paysans. »

Ce n'est pas tout : après l'église viennent les cloîtres ; après les fresques d'Orgagna, les grisailles de Paul Uccello ; après la chapelle Strozzi, la chapelle des Espagnols ; après frère Lippi le peintre naturaliste et charnel, Simon Memmi le peintre idéaliste et religieux ; tout cela, église, chapelles, cloîtres, peintures, est renfermé dans un circuit de cinq cents pas, avec cette profusion qui distingue l'Italie, et qui fait de chaque édifice religieux une histoire de l'art.

J'achevais ma visite, lorsque j'entendis de grands cris de joie sur la place : à Florence, on ne crie jamais qu'en signe de plaisir. Je présumai qu'il se passait quelque chose de nouveau, et je courus à la porte qui donne sur la place. En effet, une ligne de soldats faisait évacuer aux spectateurs le cercle destiné à la course des chars ; mais le curieux de la chose était la façon dont les soldats s'y prenaient pour obtenir ce résultat. En Toscane, nous l'avons dit, le peuple est le maître : c'est lui qu'il faudrait appeler monseigneur si l'on voulait remettre réellement chaque chose à sa place; aussi les soldats ne lui parlent-ils en général que le chapeau à la main. On le prie de s'écarter; on lui promet que c'est pour son plaisir qu'on le dérange, on lui assure qu'il s'amusera bien s'il veut obéir; et alors ce bon peuple, qu'on repousse en riant, recule en riant, échangeant avec les soldats mille lazzis de facétieuse hilarité. Là, jamais de coups de crosse sur les pieds, jamais de bourrades dans la poitrine; un soldat qui donnerait une chiquenaude à un bourgeois irait à la salle de police pour huit jours. Il y a une école de gendarmerie à fonder là, comme nous avons fondé à Rome une école de peinture.

Je me hâtai d'aller prendre ma place au balcon de M. Finzi. Un instant après, le grand-duc et toute la cour parurent à la loge de San-Paolo, élégant portique élevé en face de l'église Sainte-Marie-Nouvelle par Brunelleschi; puis une vingtaine de cavaliers, débouchant par Borgo-Ognisanti, annoncèrent l'arrivée des concurrents. Presque aussitôt quatre *cocchi*, montés sur leurs chars, s'avancèrent au grand trot sur la place : les cocchi étaient vêtus à la romaine, et les chars taillés à l'antique. Les quatre factions du cirque y étaient représentées ; il y avait les rouges, les verts, les jaunes et les bleus. Rien n'empêchait de croire, en se rajeunissant de dix-huit cents ans, que l'on assistait à une fête donnée par Néron.

Malheureusement la police florentine, qui tient avant tout à ce que les fêtes ne changent jamais de caractère, et à ce que ceux qui sont venus pour rire ne s'en aillent pas en pleurant, décide à l'avance quel sera le vainqueur. En conséquence, les autres cocchi doivent laisser prendre les devants au privilégié du buon-governo, qui remporte tout doucement sa victoire et qui console immédiatement ses rivaux de leur défaite en les emmenant avec lui au cabaret. Cela est d'autant plus facile à organiser à l'avance, que les chars et les chevaux appartiennent à la poste, et que les chefs des factions rouge, bleue, verte, jaune sont tout bonnement des postillons. Cette fois il avait été décidé que ce serait le cocher rouge qui remporterait le prix : c'était son tour, il n'y avait rien à dire, le tour de chacun se représentant ainsi tous les cinq ans.

Mais un bruit aussi étrange que celui qui venait de parvenir à Achille lorsqu'il rencontra Agamemnon commençait à circuler dans la foule : on disait que le cocher rouge et le cocher bleu s'étaient pris la veille de dispute, et que le cocher bleu avait menacé tout haut le cocher rouge de ne pas lui laisser remporter sa victoire avec la facilité ordinaire. Le cocher rouge, qui savait d'avance que les deux meilleurs chevaux de la poste lui appartenaient de droit, s'était moqué de son compagnon; ce qui fit que celui-ci, s'étant promis une seconde fois tout bas ce qu'il avait promis une première fois tout haut, avait préludé à cette concurrence en donnant à ses chevaux double ration d'avoine et en leur faisant boire le fiasco de Montepulciano qu'on lui avait donné pour lui-même. Aussi les chevaux du cocher bleu montraient-ils une ardeur inaccoutumée; et, si certain qu'il fût de la supériorité des siens, le cocher rouge ne laissait pas de jeter de temps en temps sur eux un regard assez inquiet.

Enfin le signal fut donné par une fanfare de trompettes et par le déploiement du vieux drapeau de la république : aussitôt les quatre concurrents, qui devaient faire trois fois le tour de la place en passant chaque fois derrière les deux obélisques placés à ses deux extrémités, s'élancèrent avec une rapidité qui fait honneur à la manière dont les postes de la Toscane sont servies. Mais du premier coup il fut facile de voir que la question principale se viderait entre le cocher rouge et le cocher bleu : les chevaux du second, excités par leur double mesure d'avoine, par leur bouteille de vin, et plus encore par la haine de leur conducteur, qui était passée dans son fouet, avaient retrouvé leur vigueur première. Forcé par la disposition des chars, réglée à l'avance par la police, de laisser à son adversaire la meilleure place, c'est-à-dire celle qui lui permettait de raser de plus près les deux obélisques, il essaya dès le premier tour d'enlever cet avantage au cocher rouge. Les juges du camp commençaient bien à s'apercevoir de cette rivalité, à laquelle ils ne s'étaient pas attendus, mais il était trop tard pour y remédier. Vers le milieu du second tour le cocher bleu essaya de ~~per le cocher rouge; de son côté, le cocher rouge se trompa : un coup de fouet destiné à ses chevaux arriva droit sur la figure de son adversaire; celui-ci riposta; à partir de ce moment, les deux concurrents frappèrent l'un sur l'autre, à la grande satisfaction de leurs chevaux, qui, partageant la rivalité de leurs maîtres, ne continuèrent pas moins de galoper de leur mieux. Mais un double accident résulta de ce changement : les deux cochers, trop occupés de frapper l'un sur l'autre pour conduire leurs chevaux, se trouvèrent lancés de telle manière qu'en arrivant à l'obélisque le cocher bleu accrocha la borne, et le cocher rouge accrocha le bleu; le choc fut si violent que les quatre chevaux s'abattirent : le cocher bleu tomba, comme Hippolyte, embarrassé dans les rênes de ses chevaux; le cocher rouge fut jeté à dix pas par-dessus son char. Le cocher vert, qui voulut passer entre les degrés de l'église et le cocher rouge, monta sur les deux premières marches et versa. Quant au cocher jaune, qui, suivant le programme, devait arriver le dernier, et qui, par conséquent, se tenait à une distance respectueuse, il put s'arrêter à temps, et demeura sain et sauf, lui et son attelage.

Moins on s'attendait à ce spectacle, mieux il fut reçu par les spectateurs. Depuis les courses de Néron, on n'avait rien vu de pareil. Toute la place battit des mains. Ce bruit électrique rendit des forces au cocher rouge, qui n'avait fait, au reste, que toucher la terre, et qui, se relevant aussitôt, était remonté dans sa carriole; quelques efforts lui suffirent pour la dégager, et il repartit au galop. Le cocher bleu se remit à son tour sur ses jambes, et le suivit avec l'opiniâtreté du désespoir, mais cette fois sans pouvoir l'atteindre; ses chevaux étaient dégrisés. Le cocher jaune passa entre son camarade versé et l'obélisque et, au lieu d'être le quatrième, se trouva le troisième; il n'y eut que le malheureux cocher vert qui demeura en place, quelques efforts qu'il fît pour relever son char et mettre ses chevaux sur pied : pendant ce temps, le cocher rouge acheva sa carrière et arriva triomphalement au but.

Aussitôt la trompette sonna, et le porte-étendard monta dans le char du vainqueur, qui s'en alla recevoir je ne sais où le prix de sa victoire, suivi par les trois quarts de la foule; l'autre quart resta pour consoler les vaincus. Il n'y eut, au reste, rien d'interverti dans les intentions du buon-governo : le cocher rouge eut la couronne que la main paternelle du gonfalonier avait tressée pour lui, et s'il y eut quelques changements dans le programme, ils furent, comme on le voit, tout à l'avantage du public.

Cependant le grand-duc et les jeunes archiduchesses avaient eu grand'peur. On vint s'informer de leur part s'il n'était arrivé aucun accident sérieux : tout s'était borné heureusement à quelques égratignures. La foule s'écoula aussitôt; c'était l'heure du dîner, et Florence tout entière avait rendez-vous de huit heures du soir à deux heures du matin sur les quais qui bordent l'Arno.

Nous étions invités, comme nous l'avons dit, à voir les fêtes nocturnes des fenêtres du palais Corsini. La duchesse de Casigliano, belle-fille du prince, l'une des femmes les plus artistes et les plus spirituelles de Florence, avait bien voulu nous faire inviter au nom de son beau-père. Nous nous étions étonnés de cette invitation, car nous savions le prince à Rome. Mais la première personne à qui nous en parlâmes nous répondit que, sans aucun doute, le prince reviendrait de Rome pour faire les honneurs de son palais, non-seulement à ses compatriotes, mais encore aux étrangers attirés à Florence par la solennité des fêtes patronales de saint Jean. En effet, nous apprîmes chez M. Finzi que le prince venait d'arriver.

Le prince Corsini est de nom et de façons un des plus grands seigneurs qui existent au monde : il descend, je crois, d'un frère ou 'un neveu de Clément XII, auquel les Romains reconnaissants élevèrent, après un pontificat de neuf ans, une statue de bronze qui fut placée au Capitole. De ce pontificat date pour les Corsini le titre de prince, mais l'illustration historique de la famille remonte aux premiers temps de la république. C'était une Corsini, cette femme si fière, qu'avait épousée Machiavel, et qui lui inspira son joli conte de *Belphégor*.

Napoléon, qui se connaissait en hommes, et qui accaparait à son profit toutes les capacités, remarqua le prince Corsini. Il l'attira en France, le fit conseiller d'état et officier de la Légion-d'Honneur. Sous Napoléon, ce n'était point assez d'être quelque chose pour avoir droit à de pareilles faveurs, il fallait encore être quelqu'un; le prince Corsini était à la fois quelqu'un et quelque chose. Aussi ce fut à lui que Napoléon *recommanda* la princesse Élisa lorsqu'elle partit pour Florence, où l'attendait la couronne de grande-duchesse.

Napoléon tomba et entraîna toute sa famille dans sa chute. Le prince Corsini, que l'on avait fait Français, redevint Italien. Rome alors le nomma sénateur, comme la France l'avait nommé conseiller d'état. Le prince Corsini fit son entrée à Rome; c'était une occasion offerte au prince de faire honneur à son nom, à son rang : il la saisit comme il saisit toujours les occasions de ce genre. Pendant trois jours les fontaines du Capitole versèrent du vin; pendant trois jours des tables publiques furent dressées sur le vieux Forum. On n'avait pas vu pareille chose depuis César, 45,000 écus y passèrent. 45,000 écus font environ 270,000 francs de notre monnaie.

Aussi, lorsque le grand-duc de Toscane songea à faire demander en mariage la sœur du roi de Naples, ce fut le prince Corsini qu'il chargea des négociations. Le prince Corsini accepta l'ambassade à la condition qu'il en ferait seul tous les frais. Le grand-duc comprit ce qu'il y avait de princier dans une pareille exigence; il laissa carte blanche au prince Corsini, qui parut à la cour de Naples comme l'envoyé d'un empereur. Seulement, le mariage conclu, le grand-duc donna au prince Corsini la plaque de Saint-Joseph en diamants.

Tous les deux ou trois ans le prince Corsini donne un bal : ce bal lui coûte de 40 à 50,000 francs. Quelques jours avant mon départ de Florence, j'ai assisté à une de ces fêtes : nous étions quinze cents invités; il y eut pendant toute la nuit souper constamment servi pour tout le monde, et pas un valet, pas une pièce d'argenterie, pas un candélabre, pas une banquette, qui ne fût à la livrée ou aux armes des Corsini. Le vieux palais pouvait, disait-on, fournir encore toutes choses à cinq cents personnes de plus.

Maintenant, on ne s'étonnera pas que le prince fût revenu tout exprès de Rome pour faire à Florence les honneurs de ces fêtes, qui, se passant sous son balcon, semblent être données bien plus encore en son honneur qu'en celui de saint Jean.

L'entrée du palais Corsini est magnifique; en montant l'escalier, que domine la statue de Clément XII, on pourrait se croire à Versailles : mille personnes tiendraient et danseraient à l'aise dans l'antichambre. A peine fûmes-nous entrés, que la princesse Corsini, que nous ne connaissions point encore, vint droit à nous avec une affabilité et une grâce toutes françaises. La princesse Corsini est Russe : elle a quitté l'Italie d'Asie pour l'Italie d'Europe, la Crimée pour la Toscane, Odessa pour Florence ; c'est une jeune et belle femme de grand air, à qui ses robes de brocart d'or et ses rivières de diamants donnent l'aspect d'une châtelaine du moyen-âge. Aussi je ne sais rien de plus en harmonie avec ce beau palais, tout tapissé de Titiens, de Raphaëls et de Van-Dycks, que la maîtresse, qui semble s'être détachée d'une de leurs toiles pour en faire les honneurs.

Je me rappellerai toute ma vie l'impression que je ressentis lorsque, du milieu de ces salons tout resplendissants de lumière, je jetai les yeux sur l'Arno, tout flamboyant d'illuminations. Les Italiens ont un art particulier pour disposer les flambeaux qui éclairent leurs fêtes. Le fleuve, tout chargé de gondoles pavoisées glissant au son des instruments, et portant de joyeux convives qui se renvoyaient des santés d'une barque à l'autre, était littéralement entre deux murs de flamme. Partout où l'on apercevait l'eau, l'eau réfléchissait le feu : l'Arno, comme le Pactole, semblait rouler des flots d'or.

Le feu d'artifice tiré, chacun prit congé du prince. A neuf heures et demie, il y avait bal au Casino, et, comme la cour venait à ce bal, il était convenable que l'aristocratie florentine fût là pour la recevoir. Je pris à mon grand regret congé, non pas du prince et de la princesse que j'allais retrouver, mais de leur palais, que je me promis bien de revoir. Au reste, la séparation ne devait pas être longue : nous y dînions le lendemain.

Comme on était venu chez le prince Corsini en toilette de cour, on n'eut que cent pas à faire pour se trouver au Casino. J'entends par toilette de cour cravate blanche, croix, crachats et cordons. Quant à l'uniforme, le duc ne l'exige pas, même pour les bals au palais Pitti. Il n'est de rigueur qu'aux réceptions du premier jour de l'an et aux concerts du carême.

Il était impossible de trouver un contraste plus parfait que celui qui nous attendait. Rien de plus riche que le palais Corsini, rien de plus simple que le Casino. C'est un appartement donnant d'un côté sur le quai, de l'autre sur la place de la Trinité, et composé de quatre ou cinq chambres peintes simplement à la détrempe. Une de ces chambres est consacrée au bal, les autres au billard et au whist.

Lorsque nous entrâmes, la cour venait d'arriver. Les différents ambassadeurs attendaient leurs compatriotes respectifs dans la première pièce, et les présentaient successivement au chambellan de service. C'était tout le cérémonial. Cette formalité accomplie, ils pouvaient entrer dans la salle du bal. Rien, au reste, ne distingue le grand-duc et sa famille de ceux qui les entourent; toute la différence qu'il y a entre eux et les autres invités, c'est que des fauteuils sont réservés aux archiduchesses, et qu'au lieu d'attendre les invitations, elles choisissent elles-mêmes et font inviter par leurs chambellans les cavaliers avec lesquels elles désirent danser. Ces invitations ne sortent pas d'un très-petit cercle, et s'adressent ordinairement aux personnages qui occupent des charges au palais Pitti. Les privilégiés sont donc, en général, les fils du prince Corsini, les fils du comte Martelli, le marquis Torrigiani et le comte Cellani. Il va sans dire que, s'il y a dans la salle quelque prince étranger, les invitations vont à lui de préférence.

A trois heures, la cour quitta le bal, ce qui n'empêcha point les acharnés de continuer de danser. Comme nous n'étions point de ceux-là, nous nous retirâmes immédiatement, et regagnâmes notre palazzo.

La journée du 25 était un peu moins chargée que celle du 24, il n'y avait que Corso, course de barberi, et Pergola. Nous étions en outre invités, comme nous l'avons dit, à dîner chez le prince Corsini. Il y avait donc moyen de faire face à tout.

Le Corso était le même que les deux jours précédents ; je n'ai plus rien à en dire à mes lecteurs. A trois heures, nous étions chez le prince Corsini ; le dîner avait été avancé d'une heure ou deux, afin que nous pussions assister à la course des Barberi.

Une des choses les plus rares à rencontrer à l'étranger est, pour un Français, cette bonne et franche causerie parisienne, dont on ne sent le prix que lorsqu'on l'a perdue et qu'on la cherche vainement. Je me rappelle qu'un jour une provinciale demandait devant moi à madame Nodier, qui lui parlait de nos soirées de l'Arsenal : « Madame, faites-moi le plaisir de me dire qui mène la conversation chez vous. — Oh ! mon Dieu, répondit madame Nodier, personne ne la mène, ma chère amie ; elle va toute seule. » Cela étonna beaucoup la provinciale, qui croyait que la conversation, comme une fille honnête, a besoin d'être dirigée par une gouvernante.

Eh bien, cette conversation insoucieuse, frivole, profonde, colorée, légère, poétique,

Protée aux mille formes, fée insaisissable, ondine bondissante, qui naît d'un rien, s'attache à un caprice, s'élève par l'enthousiasme, retombe avec une plaisanterie, se prolonge par l'intimité, meurt par l'insouciance, se rallume à une étincelle, brille de nouveau comme un incendie, s'éteint tout à coup comme un météore pour renaître, sans que l'on sache pourquoi ni comment; cette conversation, dont notre esprit altéré était plus avide que l'estomac le plus exigeant ne le sera jamais d'un bon dîner, nous la retrouvâmes chez le prince Corsini. Le prince se rappelait Paris, la duchesse de Casigliano le devinait; quant à la princesse, elle est Russe, et l'on sait la difficulté que nous avons nous-mêmes à distinguer une Russe d'une Française. On parla de tout et de rien, de bal, de politique, de jockey-club, de toilette, de poésie, de théâtre, de métaphysique, et on se leva de table après avoir, sans qu'aucun de nous pût dire de quoi il avait été question, échangé assez d'idées pour défrayer pendant une année une petite ville de province.

Le dîner avait duré jusqu'à quatre heures et demie; à cinq heures avaient lieu les courses. Le prince Corsini avait mis à notre disposition le casino de son second fils, le marquis de Layatico, gouverneur de Livourne. Comme les courses partaient de la porte al Prato, les chevaux passaient justement sous ses fenêtres : nous ne quittions donc une hospitalité que pour en recevoir une autre.

Le casino du prince Corsini serait en France un palais. Nous entrâmes par la porte du milieu; ce qui n'est pas un détail de mœurs indifférent, car la porte du milieu ne s'ouvre que pour le grand-duc, les archiducs et le prince Corsini. Ce jour-là il y avait double raison pour que la porte d'honneur fût ouverte. C'est du balcon du casino du prince Corsini que les jeunes archiducs *doivent* voir la course. Je dis *doivent*, car je crois que c'est entre le palais Pitti et le palais Corsini une vieille convention de prince à prince; le petit-fils du prince Corsini, qui est un bel enfant de cinq ou six ans, en faisait les honneurs aux jeunes archiducs, qui sont à peu près de son âge.

L'heure de la course approchait; nous nous plaçâmes aux fenêtres et aux balcons latéraux, la fenêtre et le balcon du milieu étant réservés aux archiducs. La rue présentait un aspect dont on ne peut se faire une idée. De chaque côté était dressé un amphithéâtre de gradins qui s'élevaient à la hauteur des premiers étages, dont les fenêtres semblaient faire le dernier degré. Il en résultait que, comme les fenêtres du second succédaient aux fenêtres du premier, le toit aux fenêtres du second, et que degrés, fenêtres et toits, étaient tous chargés d'hommes, de femmes et d'enfants, il n'y avait aucune interruption de spectateurs sur un espace de plus de cinquante pieds de haut. Ajoutez à ce tableau vivant, inquiet et bariolé, les longs rideaux flottants de damas de mille couleurs que dans toutes les fêtes publiques les Italiens ont l'habitude de laisser pendre de leurs balcons, et vous aurez une idée du spectacle qui s'offrait à nous aussi loin que la vue pouvait s'étendre.

Bientôt notre regard se fixa sur les concurrents ; c'étaient cinq jolis chevaux de petite taille, nés en Toscane, car les chevaux toscans seuls peuvent concourir pour le prix, dont partie est un don du grand-duc et partie le résultat d'une poule. Chacun d'eux portait sur la cuisse le numéro sous lequel il était inscrit, tandis que sur le dos et le long de leurs flancs flottaient des espèces de châtaignes de fer, dont les pointes aiguës comme des aiguilles étaient destinées à activer leur course. Ils s'avançaient conduits par leurs maîtres respectifs, qui les firent ranger derrière une corde; à un signal donné, cette corde devait tomber et leur livrer passage. La distance à parcourir était à peu près de deux milles. Le point de départ était, comme nous l'avons dit, la porta al Prato, et le but la porta alla Croce. Un, deux, trois, quatre ou cinq coups de canon devaient annoncer la victoire et indiquer le vainqueur, le nombre des coups correspondant toujours à son numéro.

Au signal donné la corde tomba, les cinq chevaux partirent au galop et disparurent dans Borgo-Ognisanti. Cinq ou six minutes après on entendit deux coups de canon, c'était le n° 2 qui avait gagné. Aussitôt tout le peuple se dispersa, et cela sans bruit, sans rumeur, s'écoulant, non pas comme l'eau d'un torrent, mais comme l'eau d'un lac; joyeux cependant, mais joyeux de cette joie intérieure qui n'a pas besoin pour se compléter ou plutôt pour s'étourdir d'une bruyante expression. Tout peuple qui s'amuse à grand bruit est un peuple qui souffre.

Le spectacle en lui-même n'avait pas duré cinq secondes, et cependant la ville s'était mise sur pied pour y assister. C'est que, comme nous l'avons déjà dit, tout est prétexte à spectacle à Florence. On s'y amuse plus du plaisir que l'on aura ou du plaisir que l'on a eu que du plaisir que l'on a.

La journée se termina par la Pergola pour l'aristocratie, par le cocomero pour les bourgeois, et par le théâtre de Borgo-Ognisanti et de la Piazza-Vecchia pour le peuple.

Il y eut bien le lendemain et le surlendemain quelques restes de fête, comme après les tremblements de terre le sol est quelque temps encore à frémir; mais bientôt tout rentra dans son état ordinaire; enfin les grandes chaleurs de juillet arrivèrent, et chacun partit pour les eaux de Lucques, de Via-Reggio ou de Monte-Cattini.

CHAPITRE II.

LE PALAIS PITTI.

Malheureusement, comme nous étions loin d'avoir fini notre exploration, interrompue par les fêtes de la Saint-Jean, force nous fut de demeurer en arrière. Nous donnâmes à nos connaissances florentines rendez-vous aux eaux de Monte-Cattini; puis nous leur souhaitâmes un bon voyage, et eux nous souhaitèrent bien du plaisir.

Notre première course fut au palais Pitti.

Le palais Pitti, résidence habituelle du grand-duc, est situé comme notre Luxembourg, avec lequel il a quelque ressemblance, de l'autre côté de l'Arno. On s'y rend par le Pont-Vieux, en longeant le corridor dont j'ai parlé, et que le grand-duc Côme, dans son amour de l'antiquité, fit faire sur le modèle de celui qui, sur la foi d'Homère, unissait le palais d'Hector au palais de Priam.

Le Pont-Vieux, construit par Taddée Gadi, date de 1345; il succédait aux ruines d'un pont antique bâti par les Romains. Il est, moins la portion du milieu, percée à jour, garni d'un bout à l'autre de boutiques, qu'un décret du capitaine du quartier, rendu en 1594, réserve aux orfévres. Ce décret est resté en vigueur jusqu'aujourd'hui. Seulement, lorsqu'on pense que c'est de ces boutiques que sortirent les Brunellesco, les Ghiberti, les Donatello et le Benvenuto Cellini, on trouve leurs descendants, misérables ouvriers sans goût et sans invention, bien dégénérés de leurs sublimes aïeux. Heureusement qu'au bout du pont, l'œil, fatigué de toute cette quincaillerie d'or, se repose sur l'Hercule et le Centaure, l'un des plus beaux groupes de Jean de Bologne, qui, exécuté en 1600, ferme par un chef-d'œuvre, le seizième siècle, cette ère de chefs-d'œuvre.

En descendant le quai, on trouve la Via-Maggio, qui contient deux souvenirs assez curieux. Le premier, souvenir historique, est visible pour tout le monde : c'est la charmante maison habitée par Bianca Cappello lorsque le grand-duc, ayant donné une place de maître de la garde-robe à son mari, résolut, pour s'épargner ces longues courses nocturnes dont nous avons vu que son père lui faisait un reproche, de rapprocher sa maîtresse du palais Pitti. On la reconnaîtra aux charmantes fresques qui la décorent, aux armes des Médicis sculptées sur sa façade, et à cette inscription gravée sur une plaque de marbre blanc :

Bianca Cappello,
Prima che fosse moglie a Francesco I° dei Medici,
Avito questa casa, chel ella si edificava nel 1566.

Le second souvenir, tout artistique, a disparu avec les deux personnages auxquels il se rattache, et ne vit traditionnellement que dans la mémoire des poètes ; le voici :

C'était vers la fin de l'automne de l'année 1573, un homme de quarante-cinq à cinquante ans se tenait debout sur le seuil de la porte de sa maison, située Via-Maggio (1), lorsqu'il vit venir à lui un beau jeune homme de vingt-neuf à trente ans monté sur un cheval richement enharnaché, qu'il maniait en véritable homme de guerre. Arrivé en face de lui, le jeune cavalier s'arrêta, le regarda un instant comme pour s'assurer qu'il ne se trompait point; puis descendant de cheval et s'avançant vers lui :

— N'êtes-vous pas, lui demanda-t-il, Bernard Buonlatenti, le merveilleux architecte dont le génie créateur a inventé ces belles machines théâtrales à l'aide desquelles on vient de représenter dans cette ville l'*Aminte* de Torquato?

— Oui, répondit celui auquel cette demande était faite en termes si flatteurs ; oui, je suis Bernard Buonlatenti. Seulement, tout en avouant que c'est ainsi que je me nomme,

(1) Au coin de la rue dei Marsili, du côté du levant. C'est la même sur laquelle on trouve encore des traces de peintures exécutées par le Poccetti.

je ne puis accepter les éloges exagérés que votre courtoisie veut bien accoler à mon nom.

Alors le jeune homme, avec un doux sourire, s'approcha de lui et, lui jetant les bras autour du cou, il l'embrassa et le pressa sur son cœur; puis, comme l'autre, étonné de cette démonstration amicale, semblait chercher s'il ne reconnaîtrait pas sur le visage de l'étranger quelques traits qui lui rappelassent une ancienne connaissance :

— Vous êtes Bernard Buonlatenti, dit de nouveau le jeune homme; et moi je suis le Tasse, venu exprès de Ferrare pour vous voir et vous embrasser. Adieu, frère.

Et à ces mots le jeune homme sauta sur son cheval, et, faisant un dernier signe d'adieu à Bernard Buontalenti, il s'éloigna au galop et disparut bientôt au coin de la Via-Mazetta.

Ce fut la seule fois que le poète et l'architecte se virent, ce qui ne les empêcha point de conserver l'un pour l'autre une éternelle amitié.

A quelques pas du lieu où se passa cette scène, se lève, plus imposant par sa masse que remarquable par son architecture, le palais de Lucca Pitti.

Philippe Strozzi le vieux avait fait élever, comme nous l'avons dit, près de la place de la Trinité, un palais qui, par sa forme, sa masse et sa solidité, faisait l'admiration de Florence. Lucca Pitti en fut jaloux; surpassant à cette époque Strozzi en richesses, il voulut le surpasser en magnificence. Il fit venir Brunellesco, que sa coupole du Dôme venait de faire le premier architecte du monde, et il lui dit qu'il voulait un palais dans la cour duquel pût tenir à son aise tout le palais Strozzi. Brunellesco se mit à l'œuvre, et quelques jours après apporta à son riche patron un plan qui fut approuvé, et que l'on commença aussitôt à mettre à exécution.

Ceci se passait vers 1440 à peu près. Il y avait alors une opposition à Florence, et Lucca Pitti était le chef de cette opposition, dont Pierre-le-Goutteux était l'objet. Placé entre Côme-le-Grand qui venait de mourir, et Laurent-le-Magnifique qui venait de naître; perdu dans l'ombre de ses calculs, enfoncé dans la nuit de son agio, retenu par ses infirmités dans l'une ou dans l'autre de ses nombreuses villas, Pierre de Médicis est l'ombre qui fait ressortir les deux grands hommes entre lesquels il se trouve étouffé : l'opposition était donc de mode contre lui, et Lucca Pitti devait son crédit, sa fortune, sa popularité à son titre de chef de cette opposition.

Aussi, lorsqu'il annonça l'intention de faire bâtir un palais qui effaçât les autres palais en magnificence, il fit rentrer dans l'ombre le beau palais du vieux Côme et le sombre palais de Strozzi, toutes les sympathies se groupèrent autour de lui. Les riches lui offrirent leurs bourses, les pauvres offrirent leurs bras, et il n'eut qu'à choisir ceux qu'il voulait bien faire les élus de son orgueilleuse fantaisie; et, grâce au crédit inépuisable de ses prêteurs, à la force renaissante de ses ouvriers, le palais miraculeux, dirigé par son sublime architecte, sortit de terre avec la rapidité d'une construction enchantée.

5.

Mais un beau jour il arriva que cette opposition acharnée de Lucca Pitti parut se ralentir. Quand on se fait chef de parti, on ne s'appartient plus à soi-même; on devient la chose, la propriété, l'instrument de son parti. De ce moment, si l'on n'a point le génie de Cromwel ou la force de Napoléon, il faut faire abnégation de toute opinion personnelle, se laisser entraîner à la puissance supérieure qui se sert de vous comme d'un bélier, bat les murailles avec votre front, et renverse l'obstacle, ou vous brise contre lui. Lucca Pitti eut peur d'être brisé, et un beau jour le bruit se répandit qu'il avait trahi la république et pactisé avec le pouvoir qui voulait la renverser.

Dès lors Lucca Pitti fut perdu, les trésors qui l'avaient soutenu se fermèrent, les bras qui le servaient s'armèrent contre lui. On exigea de sa banque le remboursement immédiat de tout ce qu'on lui avait prêté, ses créanciers mirent dans leur poursuite cette exigence haineuse qui caractérise les brouilles commerciales. Les rentrées manquèrent; l'actif, quoique dépassant de beaucoup le passif, ne put lui faire face immédiatement. La fabrique aux trois quarts achevée s'interrompit. Le crédit de la maison, qui reposait sur deux siècles de loyauté, s'écroula, comme si cette base d'or eût été d'argile. Les successeurs de Lucca Pitti descendirent de la gêne à la misère, enfin son petit-neveu Jean fut forcé de vendre ce palais, cause de la ruine de son ancêtre, à Côme I*er*, qui venait de monter sur le trône, et qui, l'ayant acheté avec toutes ses dépendances au prix de 9,000 florins d'or, c'est-à-dire de 100,000 francs à peu près de notre monnaie, le constitua en dot à Éléonore de Tolède sa femme.

De ce moment, le palais Pitti, abandonné depuis près de soixante ans, et qui semblait une ruine inachevée, commença de reprendre vie. Nicolo Braccini, surnommé le Tribolo, reprit l'œuvre que Brunelleschi, mort en 1446, avait laissée imparfaite : le jardin Boboli fut dessiné, on tira parti des accidents du terrain, des forêts s'élevèrent sur ses montagnes, des fontaines coulèrent dans ses vallées ; enfin, en 1555, c'est-à-dire six ans après qu'il était devenu la propriété de Côme-le-Grand, le palais Pitti, qui avait gardé son premier nom, se trouva en état de recevoir les députés siennois qui apportaient à Côme le traité de capitulation de leur ville.

C'était une grande affaire pour Côme que la soumission de Sienne, cette éternelle rivale artistique, commerciale et politique de Florence. Sienne disputait à Florence la renaissance de la peinture; Sienne avait son dôme de marbre rouge et noir, qui balançait le chef-d'œuvre de Brunelleschi; Sienne avait gagné la fameuse bataille de Monteaperto, qui avait mis Florence à deux doigts de sa perte; Sienne, enfin, gardait encore dans son palais populaire le caroccio de Florence, trophée de cette grande défaite. Mais tout ce passé disparaissait devant le fait présent : Sienne courbait son front dans la poussière; Sienne déposait aux pieds du grand-duc sa couronne murale; Sienne, de reine, devenait esclave, la république se faisait province; et grâce à cette adjonction de territoire, au milieu de la nouvelle formation des États européens qui commençait à s'organiser, la Toscane atteignait presque au rang de puissance secondaire.

Aussi y eut-il de grandes fêtes au palais Pitti à propos de la capitulation de Sienne.

Trois ans après, Côme, qui était dans sa période de bonheur, célébra au palais Pitti le mariage de sa fille Lucrèce avec le prince Alfonse d'Est, fils aîné du duc de Ferrare.

Ce fut cette Lucrèce dont nous avons déjà parlé à propos du Palais-Vieux, et dont, au bout de trois ans, on apprit la mort. Les historiens dirent qu'elle avait succombé à une fièvre putride. Le peuple, avec cet instinct de vérité qui le trompe si rarement, raconta que son mari l'avait tuée dans un mouvement de jalousie. La tradition populaire l'emporta sur le récit des historiens.

Ce mariage, qui terminait les disputes de préséance entre les maisons d'Est et de Médicis, avait cependant été célébré sous de riches auspices : de grands bals avaient été donnés à cette occasion au palais Pitti, et, dans une seule soirée, il y avait eu une mascarade si magnifique que les historiens ne jugèrent pas sa description indigne de leur plume; il est vrai que quand les historiens ont à écrire la vie des tyrans, les trois quarts de leur ouvrage sont presque toujours destinés à des récits de fêtes.

Cette mascarade se composait de cinq quadrilles de douze personnes chacun : le premier quadrille représentait douze princes indiens; le second, douze Florentins vêtus à la manière du treizième siècle; le troisième, douze chefs grecs; le quatrième, douze empereurs; et enfin le cinquième, douze pèlerins. On avait gardé celui-ci pour le dernier, comme étant le plus riche. En effet, chaque pèlerin était revêtu d'une robe de toile d'or dont le petit manteau était tout garni de coquilles d'argent au fond desquelles étaient incrustées de véritables perles.

La même année se célébra au même palais le mariage d'Isabelle, cette autre fille de Côme si ardemment et si singulièrement aimée par son père et qui avait failli, en s'endormant dans la grande salle du Palais-Vieux, coûter la vie à Vasari. Celle-là aussi était marquée d'un signe funeste et devait être assassinée. Son mari était Paul Giordano Orsini, duc de Bracciano. On se rappelle qu'il l'étrangla avec une corde cachée sous l'oreiller conjugal, après une partie de chasse dans sa villa de Ceretto.

Ce fut vers cette époque que, pour rendre le palais Pitti de plus en plus digne des grands événements qui s'y passaient, le grand-duc Côme fit faire par Lammannato cette superbe cour dans laquelle, selon l'orgueilleuse prévision de son premier propriétaire, devait danser le palais Strozzi. En effet, cette cour, à elle seule, est sur chaque face de trois pieds plus large que la face correspondante du palais qu'elle était destinée à enfermer comme un écrin de granit.

Éléonore de Tolède, sous le nom de laquelle Côme avait acheté le palais Pitti, mourut à son tour, on sait comment, à la suite de la mort de ses deux fils tués, l'un par son frère, l'autre par son père. Côme chercha à se consoler de ce triple malheur dans un nouvel amour; et, las du pouvoir, fatigué de la politique, il abandonna à son fils François le gouvernement de ses états, toujours prêt à y remettre la main cependant si celui-ci s'écartait par trop des exemples paternels.

La première de ses maîtresses fut alors Éléonore dei Albizzi. Cet amour inquiéta le jeune grand-duc François, qui devait donner bientôt l'exemple d'un amour bien autrement étrange encore. Il plaça comme espion près de son père un valet de chambre nommé Sforza Almeni, qui lui rendait compte jour par jour de l'influence progressive que prenait Éléonore sur son amant. Malheureusement pour le pauvre Almeni, le vieux Côme s'aperçut du double office que remplissait son valet de chambre près de lui. Côme ne marchandait pas avec ses haines et ne temporisait pas avec ses vengeances : sûr de la trahison de son doméstique, il le sonna; et, sans se lever du fauteuil où il était assis, sans lui rien dire, sans lui rien reprocher, comme s'il jugeait la justification du meurtrier inutile aux yeux mêmes de la victime, il lui fit signe de lui apporter son poignard, qui était sur une table; et, comme Sforza Almeni le lui présentait en tenant le fourreau, il le prit par la poignée et le frappa avec la lame d'un coup si juste et si profond, que le valet de chambre tomba mort sans même pousser un cri. Côme sonna alors une seconde fois et fit emporter le cadavre. Ceci se passa au palais Pitti le 22 mai 1566.

Mais soit qu'Éléonore dei Albizzi eût cessé de plaire à Côme, soit que cet épisode de son amour y eût apporté quelque refroidissement, il fit épouser sa maîtresse à Carlo Panciaticci, et tourna les yeux vers une autre jeune fille, nommée Camille Martelli.

Celle-ci fut au vieux Côme ce que madame de Maintenon fut au vieux Louis XIV. Malgré toute l'opposition de sa noblesse et de sa famille, Côme, un soir, l'épousa dans la chapelle du palais Pitti; mais famille et noblesse se consolèrent en apprenant que, par un article même du contrat de mariage, Côme interdisait à sa nouvelle femme le droit de prendre jamais le titre de grande-duchesse.

Côme ne survécut que quatre ans à ce mariage, et mourut au palais Pitti, le 21 avril 1574, à l'âge de cinquante-cinq ans : il en avait régné trente-sept.

A peine le grand-duc fut-il mort, que sa veuve reçut l'ordre de quitter le palais et de se retirer dans le couvent delle Murate. Mais comme cette résidence lui déplaisait et qu'elle y pleurait nuit et jour, on lui donna l'option d'un autre monastère : elle choisit alors celui de Sainte-Monique, où elle avait été élevée, et où elle mourut après avoir payé par près de vingt ans de réclusion l'honneur d'avoir été deux ans la maîtresse et quatre ans la femme de Côme Ier.

Les deux couvents que nous venons de nommer n'existent plus ; supprimés par un décret de 1808, ils n'ont point été rouverts depuis.

Trois ans après avoir été témoin de la mort

de Côme, le palais Pitti le fut de la naissance de son petit-fils. Le 20 mai 1577, Jeanne d'Autriche, épouse du grand-duc François, accoucha d'un jeune archiduc qui ne devait vivre que quelques années. Son arrivée au monde fut le signal d'une grande fête : on jeta des fenêtres du palais Pitti force pièces d'or au peuple; puis, en avant de la terrasse qui y conduit, on apporta une si grande quantité de tonneaux de vin dont on ouvrit les robinets, que les flots de liqueur qui ne purent être recueillis coulèrent jusqu'au Ponte-Vecchio.

Il en résulta que le bon peuple florentin, dans son ivresse, voulut que les condamnés eux-mêmes participassent à la joie commune. En conséquence il courut aux prisons des Stinche, dont il enfonça les portes. Les prisonniers en profitèrent, comme on le comprend bien, non pas pour trinquer avec leurs libérateurs, mais pour gagner les frontières.

C'est encore au palais Pitti que mourut, le 10 avril 1578, la pauvre duchesse Jeanne, abandonnant le trône à sa rivale, Bianca Cappello, qui, un peu plus d'un an après, c'est-à-dire le 18 juin 1579, épousa le grand-duc François dans la même chapelle où Camille Martelli avait épousé Côme.

Après les fêtes du mariage du grand-duc François, vinrent celles de sa fille Éléonore, qui épousa don Vicenzio Gonzaga, fils du duc de Mantoue. Cette fois, elles furent si considérables qu'elles débordèrent dans la ville. Un des épisodes de ces fêtes fut un fameux combat de pierres qui eut lieu dans la Via-Larga, et pour l'exécution duquel Florence se divisa en deux camps : l'un, commandé par Averard de Médicis; et l'autre, par Pierre Antonio dei Bardi. Chacun des deux partis avait sa musique militaire, au son de laquelle il en vint aux mains avec tant d'acharnement que, malgré les cuirasses dont étaient couverts les combattants, au bout d'une demi-heure beaucoup d'entre eux étaient déjà grièvement blessés. La nouvelle de cet événement arriva au palais Pitti au milieu des plaisirs d'un autre genre que le grand-duc François offrait à ses hôtes. Il ordonna aussitôt qu'un corps de cavalerie partît au galop et séparât les deux armées; il était temps, on ne se bornait plus aux pierres et on commençait à tirer les épées : si bien que la cavalerie eut grand'peine à accomplir l'ordre dont elle était chargée. De compte fait, il y eut, tant dans la troupe d'Averard de Médicis que dans celle d'Antonio Bardi, vingt-sept blessés, dont sept moururent des suites de leurs blessures. De plus, parmi les assistants, onze personnes furent tuées sur le coup; mais de celles-ci on s'en inquiéta peu, attendu qu'elles étaient de la populace. Florence la républicaine avait, comme on le voit, fait, depuis cent ans, de rudes pas vers l'aristocratie.

Nous avons dit comment le grand-duc François et Bianca Cappello, morts de la même maladie, avaient laissé le trône au cardinal Ferdinand, lequel avait vite jeté aux orties sa robe rouge et avait épousé la princesse Marie-Christine de Lorraine. Les nouveaux époux reçurent la bénédiction nuptiale de la main de l'archevêque de Pise, dans cette chapelle du palais Pitti qui depuis cinquante ans avait vu tant de mariages et tant de morts, tant de fêtes et tant de deuils.

Le soir du 11 mai 1589 vit les réjouissances conjugales du nouveau duc surpasser toutes les magnificences de ses prédécesseurs : c'était Buonlatenti qui, tout fier encore des embrassements du Tasse, avait été chargé de la direction de ces fêtes, et qui avait promis de se surpasser.

En effet, voici ce que les élus de cette grande soirée purent voir à leur profond étonnement :

D'abord ils furent introduits dans cette fameuse cour, chef-d'œuvre de l'Ammanato, laquelle était, comme un cirque antique, couverte d'un velarium de toile rouge, et entourée de gradins qui s'ouvraient à l'endroit qui donne sur le jardin, pour faire place à une grande forteresse gardée par des soldats turcs. Chacun prit place sur les gradins ainsi qu'aux fenêtres du palais, et, au signal donné par un coup de canon, à la lueur d'une illumination a giorno, on vit entrer un grand char triomphal monté par un nécromancien qui, après avoir fait au milieu du cirque plusieurs enchantements, s'avança vers la grande-duchesse et lui prédit l'avenir. Cet avenir, comme on le comprend bien, était une longue succession de joies et de bonheurs, qui, au contraire des prédictions de ce genre faites aux princes, se réalisa.

Après le char du nécromancien, vint un second char, tiré par un dragon, duquel descendirent bientôt deux cavaliers armés de toutes armes et montés sur des chevaux bardés de fer comme eux; ils étaient accompagnés d'une foule de musiciens qui, tandis qu'eux s'apprêtaient au combat qui allait avoir lieu, allèrent se ranger sous le balcon occupé par la grande-duchesse, et lui donnèrent un merveilleux concert.

Les deux chars étaient à peine sortis pour débarrasser la cour, que l'on vit entrer une machine qui représentait une montagne: cette machine semblait se mouvoir seule, et il était impossible de découvrir le secret de sa locomotion ; arrivée au milieu du cirque, elle s'ouvrit et donna passage à deux premiers chevaliers, armés comme les autres, et qui étaient le duc de Mantoue et don Pierre de Médicis. Aussitôt la joute commença entre les quatre combattants, et ne fut interrompue que par l'apparition d'une seconde montagne, tirée par un crocodile gigantesque que conduisait un mage, et qui était suivie d'un char antique sur lequel se tenait don Virginio Orsini, en costume du dieu Mars, ayant auprès de lui huit belles jeunes filles vêtues en nymphes, tenant à la main des corbeilles pleines de fleurs, dont elles inondèrent la grande-duchesse et les dames de sa suite, tout en chantant un épithalame en l'honneur des augustes époux.

Enfin, ce nouveau divertissement achevé, on vit s'avancer un jardin qui, après s'être resserré pour passer sous la porte, s'étendit bientôt dans toute la largeur de la cour, déployant à mesure qu'il s'étendait des lacs avec leurs barques, des châteaux avec leurs habitants, des fontaines avec leurs naïades,

des grottes avec leurs nymphes, et enfin des bosquets tout peuplés d'oiseaux apprivoisés, qui se mirent à chanter, prenant la lumière de l'illumination pour celle du soleil. Puis, lorsque les spectateurs émerveillés eurent joui une demi-heure de ce miraculeux spectacle, le jardin commença à se resserrer, renfermant, à mesure qu'il se resserrait, ses bosquets, ses grottes, ses fontaines, ses châteaux et ses lacs, jusqu'à ce que, réduit à sa grandeur première, il sortit par la porte qui lui avait donné entrée.

Alors la joute recommença, et au bout d'une demi-heure fut interrompue de nouveau, mais cette fois par un magnifique feu d'artifice qui se fit jour par toutes les ouverture de la forteresse turque, qui, attendant toujours qu'on l'assiégeât, annonçait aux spectateurs que les divertissements de la nuit n'étaient pas encore terminés. En effet, la dernière fusée éteinte, les gradins s'ouvrirent et, par des escaliers ménagés intérieurement, donnèrent passage à ceux qui les couvraient jusqu'aux salles basses du palais, où était servi un souper pour trois mille personnes. Le souper terminé, vers minuit les convives furent invités à remonter sur leurs gradins.

Mais l'étonnement fut grand et général lorsqu'on vit que l'aspect de la cour était entièrement changé : en effet, à cette heure elle représentait une mer couverte de dix-huit galères, de diverses grandeurs, montées par une armée de chevaliers chrétiens qui s'étaient croisés pour conquérir la forteresse turque, à l'instar des héros que venait d'immortaliser Torquato Tasso dans sa *Jérusalem délivrée*.

Alors commença l'assaut avec toutes les ruses de l'attaque et toutes les ressources de la défense, l'une et l'autre éclairées par un feu d'artifice continuel et des salves non interrompues de canon. Enfin, après une demi-heure d'un combat terrible, dans lequel assiégeants et assiégés firent preuve du plus grand courage, la forteresse fut prise, et la garnison, menacée d'être passée au fil de l'épée, se recommanda à la merci des dames, qui demandèrent et obtinrent sa grâce.

Ces fêtes durèrent un mois à peu près. Pendant un mois deux mille personnes, l'une dans l'autre, furent nourries et logées au palais Pitti; et l'on trouva sur les livres de dépenses du grand-duc que, pendant ce mois, on avait bu 9,000 tonneaux de vin, converti en pain 7,286 sacs de blé, brûlé 778 cordes de bois, épuisé 86,500 boisseaux d'avoine, brûlé pour 40,000 livres de charbon, et mangé pour 36,056 francs de confitures.

Onze mois après ces fêtes, la grande-duchesse accoucha au palais Pitti d'un fils qui reçut le nom de Côme, en mémoire de son illustre aïeul.

C'est à ce fils que commence la décadence de la maison des Médicis; nous l'avons vue naître avec Jean de Médicis, grandir avec Côme le Père de la patrie, fleurir avec Laurent-le-Magnifique, atteindre son apogée sous Côme, demeurer respectée et puissante avec François et Ferdinand; nous allons maintenant la voir décliner rapidement avec Côme II, Ferdinand II, Côme III et Jean

Gaston, dans la personne duquel elle devait enfin s'éteindre, et disparaître non-seulement de l'horizon politique, mais encore de la surface de la terre.

Côme II, l'aîné des neuf enfants que Ferdinand avait eus de Christine de Lorraine, hérita de son père des trois vertus qui, réunies dans un souverain, font le bonheur de son peuple : la générosité, la justice et la clémence. Il est vrai que tout cela était chez lui simple, sans élévation, et plutôt le résultat d'un bon naturel que d'une grande idée. Une admiration suprême pour son père le portait à l'imiter en tout : il fit ce qu'il put, mais en imitateur ; et par conséquent en homme qui, marchant derrière un autre homme, ne peut ni aller aussi loin ni monter aussi haut que celui qu'il suit.

Le règne qui commençait fut donc, comme le règne qui venait de finir, une époque de bonheur et de tranquillité pour le peuple, quoiqu'il fût facile de voir que le nouvel arbre des Médicis avait usé la plus grande partie de sa sève à produire Côme Ier, et allait toujours s'affaiblissant. Tout fut, pendant huit ans que Côme II demeura sur le trône de Toscane, une pâle copie de ce que, pendant vingt et un ans, avait été le règne de son père : il travailla aux fortifications de Livourne, comme son père y avait travaillé; il encouragea les sciences et les arts, comme son père les avait encouragés; il continua d'assainir les maremnes, comme son père les avait assainies. Au reste, comme son père Ferdinand et comme son grand-père Côme-le-Grand, Côme II fit tout ce qu'il put pour arrêter l'école florentine dans sa décadence : dessinant lui-même d'une manière distinguée, il affectionnait surtout chez les autres l'art dont il s'était spécialement occupé; ce qui ne le rendait injuste cependant ni pour la sculpture ni pour l'architecture, qu'il honorait au contraire d'une façon toute visible : puisque, chaque fois qu'il passait devant la Loge d'Orgagna et devant le Centaure de Jean de Bologne, il faisait marcher sa voiture au pas, disant qu'il ne pouvait rassasier ses yeux de ces deux chefs-d'œuvre. Aussi Pierre Tacca, élève de Jean de Bologne, qui avait fini les statues de Philippe III et de Henri IV, que son maître n'avait pas eu le temps d'achever, était-il en grand honneur à sa cour, ainsi que l'architecte Jules Parigi. Mais cependant, comme nous l'avons dit, sa plus grande sympathie était pour les peintres: aussi faisait-il sa société la plus intime et la plus habituelle de Cigoli, de Dominique Panignani, de Christophe Allari et de Matthieu Roselli. Il encouragea fort aussi Jacques Callot, à qui il fit faire une partie de ses gravures; Gaspard Molla, qui excellait à frapper les monnaies, et Jacques Autetti, célèbre par ses merveilleuses incrustations en pierres dures.

Et cependant, malgré les encouragements qu'il donna, comme on le voit, aux arts et aux sciences, tout ce qui fut fait sous son règne, en peinture et en sculpture, fut fait par des peintres et des statuaires de second ordre; et en sciences, la seule découverte un peu importante qui signala son époque fut la découverte par Galilée des satellites de Jupiter, auxquels ce grand homme, en reconnaissance de son rappel en Toscane, donna le nom d'étoiles des Médicis. C'est que la terre qui avait produit tant de grands hommes et tant de grandes choses commençait à s'épuiser.

Quoique souffrant déjà de la maladie dont il mourut, le grand-duc Côme II n'en voulut pas moins poser la première pierre de l'aile qu'il faisait ajouter au palais Pitti. On apporta cette pierre dans sa chambre, elle y fut bénite en sa présence; puis le malade, avec une truelle d'argent, la couvrit de chaux, et elle fut déposée au plus profond des fondations creusées, avec une cassette contenant des médailles et des pièces d'or et d'argent frappées à l'effigie du mourant, et trois inscriptions latines, les deux premières composées par André Salvadori, et la troisième par Pierre Vettori le jeune. A peine le mur qui les recouvrait sortait-il de terre, que Côme II mourut à l'âge de trente-deux ans.

Le fils aîné de Côme lui succéda sous le nom de Ferdinand II; mais comme il n'avait que onze ans, on lui donna pour régentes pendant sa minorité, qui devait durer jusqu'à l'âge de dix-huit ans, la grande-duchesse Christine de Lorraine, sa grand'mère, et l'archiduchesse Marie-Madeleine d'Autriche, sa mère. Cette régence n'offre rien de remarquable.

Le premier soin de Ferdinand II en sortant de tutelle fut, en qualité de prince chrétien et comme fils pieux, d'aller reconnaître à Rome son compatriote Urbain VIII comme chef de l'Église catholique, et de passer de là en Allemagne pour y recevoir la bénédiction de son oncle maternel.

Il s'en revint prendre ensuite le gouvernement de ses États.

C'était chose facile, au reste, à cette époque, comme encore aujourd'hui, de régner sur les Toscans. La cité turbulente de Farinata des Uberti et de Renaud des Albizzi avait disparu à l'instar de ces villes qui sont ensevelies sous la cendre et sur lesquelles on bâtit une nouvelle ville sans que, du fond de leur tombe, elles fassent un seul mouvement, poussent un seul soupir. Aussi, à partir de Ferdinand I*er*, la Toscane n'a-t-elle pour ainsi dire plus d'histoire. C'est le Rhin, qui, après avoir pris sa source au milieu des glaces et des volcans, après avoir bondi à Schaffouse, après avoir roulé sombre, terrible et grondant sur les gouffres de Bingen, entre les montagnes du Drackenfels et à travers les roches de la Loreley, s'élargit, se calme et s'épure dans les plaines de Vesel et de Nimègue, et va, sans même se jeter à la mer, se perdre dans les sables de Gorkum et de Vandreihem. Dans cette dernière partie de sa course, il est sans doute plus utile et plus bienfaisant; et cependant on ne le visite qu'à sa source, à sa chute, et dans cette partie de son cours située entre Mayence et Cologne, où il déploie toute l'énergie de sa lutte contre la tyrannique oppression de ses rivages.

Aussi, le long règne du fils de Côme II se passa-t-il, non pas à maintenir la paix dans ses États, mais dans les États de ses voisins. Il se place entre la colère de Ferdinand et le duc de Nevers, qu'elle menace; il s'efforce à conserver ses États au duc Odoard de Parme, il protége la république de Lucques contre les attentats d'Urbain VIII et de ses neveux, il s'interpose pour réconcilier le duc Farnèse avec le pape, enfin il est déclaré médiateur entre Alexandre XII et Louis XIV : de sorte que, si quelquefois il se prépare pour la guerre, c'est qu'il veut à tout prix la paix; et c'est pour parvenir à ce but qu'il rétablit la marine, qu'il fait faire des marches et des contre-marches à ses troupes, et enfin qu'il achève les fortifications de Livourne et de Porto-Ferrajo.

Tout le reste de son temps est aux sciences et aux lettres. Galilée est son maître, Charles Dati est son oracle, Jean de San-Giovanni et Pierre de Cortone sont ses favoris. Le cardinal Léopold, son frère, l'aide dans la tâche artistique qu'il a entreprise, comme il l'a aidé dans les soins de son gouvernement. De toutes parts, savants, littérateurs et peintres sont appelés; et ce n'est pas la faute des deux frères qui règnent pour ainsi dire ensemble si l'Italie commence à s'épuiser, parce qu'elle est déjà trop vieille, et si les autres États répondent pauvrement à l'appel qui leur est fait, parce qu'ils sont encore trop jeunes.

Voici ce que Ferdinand et Léopold firent pour les sciences :

Ils fondèrent l'académie del Cimento, accordèrent des pensions au Danois Nicolas Hénou et au Flamand Tilman. Toutefois ils enrichirent Évangéliste Torricelli, le successeur de Galilée, et lui donnèrent une chaîne d'or à laquelle pendait une médaille avec cet exergue : *Virtutis præmia*. Ils aidèrent dans l'impression de ses œuvres le mécanicien Jean-Alphonse Borelli. Ils firent François Redi leur premier médecin. Ils assurèrent une pension à Vincent Viviani pour qu'il pût poursuivre librement ses calculs mathématiques sans en être distrait par les misères de la vie. Enfin ils établirent des congrès de savants à Pise et à Sienne, afin que la Toscane, condamnée par sa faiblesse à ne jouer qu'un rôle secondaire dans les affaires européennes, devînt, par compensation, la capitale scientifique du monde.

Voici ce qu'ils firent pour les lettres :

Ils admirent dans leur intimité, ce qui pour la race désintéressée mais vaniteuse des poètes est à la fois un encouragement et une récompense, Gabriel Chiabrera, Benoît Fioretti, Alexandre Ademari, Jérôme Bartholomei, François Rorai et Laurent Lippi. Enfin ils firent leur société habituelle de Laurent Franceschi et de Charles Strozzi, que Ferdinand fit sénateurs; et d'Antoine Malatesti, de Jacques Godoi, de Laurent Panciatichi et de Ferdinand del Maestro, que Léopold fit ses chambellans, et qu'ils appelaient à toute heure du jour auprès d'eux, même pendant qu'ils étaient à table, afin de nourrir à la fois, disaient-ils, leur esprit et leur corps.

Voici ce qu'ils firent pour les arts :

Ils firent élever sur la place de l'Annonciade la statue équestre du grand-duc Ferdinand I*, commencée par Jean de Bologne et achevée par Pierre Lacca.

Ils firent faire par ce dernier une statue de Philippe IV, roi d'Espagne, qu'ils envoyèrent en présent à ce prince.

Ils firent travailler pour la galerie des Offices Curradi, Matthieu Ronelli, Marius Balassi, Jean de San-Giovanni et Pierre de Cortone. Ils chargèrent en outre ces deux derniers de peindre à fresque les salles du palais Pitti.

Ils firent recueillir dans toutes les villes où ils se trouvaient, et aux prix que les possesseurs en voulurent, plus de deux cents portraits de peintres peints par eux-mêmes, et commencèrent ainsi cette collection originale que Florence possède seule au monde.

Enfin ils firent acheter à Bologne, Rome, Venise, et jusque dans l'ancienne Mauritanie, tout ce qu'ils purent y trouver de statues antiques et de tableaux modernes, et entre autres la belle tête qu'on croyait être celle de Cicéron, l'Hermaphrodite, l'Idole en bronze, et le chef-d'œuvre qui est encore aujourd'hui l'un des plus riches joyaux de la tribune sous le nom de la Vénus du Titien.

Puis, comme ils avaient régné ensemble, tous deux moururent presque en même temps et au même âge, le grand-duc Ferdinand en

1670, âgé de soixante ans ; et le cardinal Léopold en 1675, âgé de cinquante-huit ans.

Sous le règne de Ferdinand, et un jour avant la naissance de son second fils, Colbert passa à Florence et logea au palais Pitti. Il était envoyé à Rome par Louis XIV afin d'apaiser quelques différends qui s'étaient élevés entre lui et Urbain VIII.

Côme III succéda à Ferdinand. C'était le temps des longs règnes. Le sien dura cinquante-trois ans. Cette période fut la grande époque de la décadence des Médicis. Le vieil arbre de Côme I*, qui avait produit onze rejetons, sèche sur la tige et va mourir faute de sève.

A partir du règne de Côme III, il semble que Dieu a marqué la fin de la race des Médicis. Ce n'est plus la foudre publique et populaire qui la menace, ce sont les orages intérieurs et privés qui la secouent et la déracinent ; il y a une fatalité qui les frappe les uns après les autres de faiblesse, les hommes sont impuissants ou les femmes stériles.

Côme III épousa Marguerite-Louise d'Orléans, fille de Gaston de France. Le fiancé, élevé par sa mère Vittoria de la Rovère, aussi altière, aussi inquiète et aussi superstitieuse que Ferdinand II était affable, franc et libéral, avait tous les défauts de son institutrice et bien peu des vertus de son père. Aussi, depuis dix-huit ans, le grand-duc Ferdinand ne vivait-il plus avec sa femme, à laquelle, dans son indolence naturelle, il avait, comme nous l'avons dit, abandonné l'éducation de son fils. Il en résulta que le jeune duc Côme élevé dans la solitude et dans la contemplation, avait, grâce à Bandinelli de Sienne, son précepteur, reçu une éducation de théologien et non de prince.

Sa fiancée était une belle et joyeuse enfant de quatorze à quinze ans, de cette grande race bourbonnienne ravivée par Henri IV, dont elle était la petite-fille. Elle avait été élevée au milieu des rumeurs de deux guerres civiles. Tout ce qui avait entouré son berceau était plein de cette force juvénile particulière aux États qui s'élèvent, et qui depuis Côme Ier avait fait place en Toscane au calme de l'âge viril, puis à la décadence de la vieillesse. C'était le grand-duc Ferdinand qui avait désiré ce mariage, et Gaston l'avait conclu avec joie; car, ainsi qu'il le disait lui-même, il était de la maison de Médicis; et malgré la goutte qu'il avait reçue d'elle, il s'en tenait fort honoré.

Mademoiselle de Montpensier avait accompagné sa sœur jusqu'à Marseille. Là, elle avait trouvé le prince Mathias qui l'attendait avec les galères toscanes; et après les présents de fiançailles reçus et force fêtes d'adieux données, Louise d'Orléans était montée sur la galère capitane, et, après trois jours de navigation, était heureusement abordée à Livourne, où l'attendait, sous des arcs de triomphe dressés de cent pas en cent pas, la duchesse de Parme avec un nombreux cortége dans lequel la jeune princesse chercha inutilement son fiancé : Côme avait été forcé de rester à Florence, retenu qu'il y était par la rougeole.

Louise d'Orléans continua donc seule sa

route vers Pise, et elle entra dans cette ville au milieu des devises, des illuminations et des fleurs ; puis elle se remit en route, et enfin rencontra à l'Ambrogiana la grande-duchesse et le jeune prince qui venaient au-devant d'elle, et un peu plus loin le grand-duc, le cardinal Jean-Charles et le prince Léopold. L'entrevue fut une véritable entrevue de famille, pleine de souvenirs du passé, de joie dans le présent, et d'espérance pour l'avenir. Ce mariage, qui devait se dénouer d'une si étrange façon, fut donc célébré sous les plus heureux auspices.

Mais à peine deux mois s'étaient-ils écoulés que la princesse commença de manifester une répugnance étrange pour son jeune époux. Cela tenait à une inclination antérieure qu'elle avait eue à la cour de France, où elle s'était prise d'amour pour Charles de Lorraine, qui était un beau et noble prince, mais sans patrimoine et sans apanage ; de sorte que les deux pauvres jeunes gens avaient avoué leur secret à la duchesse d'Orléans, et voilà tout. Or, la duchesse d'Orléans était un pauvre appui contre la faiblesse de Gaston et la fermeté de Louis XIV : le mariage décidé, il avait fallu qu'il s'accomplît; et Côme porta la peine de toutes les illusions de bonheur que sa femme avait perdues.

En effet, à peine arrivée dans le sombre palais Pitti, cette espèce de voile de gaieté jeté par l'orgueil sur la figure de la fiancée disparut. Bientôt elle prit en haine l'Italie et les Italiens; raillant tous les usages, méprisant toutes les habitudes, dédaignant toutes les convenances, elle n'avait de confiance et d'amitié que pour ceux-là qui l'avaient suivie de France, et qui dans sa langue maternelle pouvaient lui parler des souvenirs de la patrie. Au reste, Côme, il faut le dire, était peu propre à ramener sa femme à de meilleurs sentiments. Ascétique, altier, dédaigneux, il n'avait aucune de ces douces paroles qui éteignent la haine ou font naître l'amour.

Sur ces entrefaites, le prince Charles de Lorraine arriva à la cour de Florence : c'était dix-huit mois après la mort de Gaston d'Orléans, c'est-à-dire vers le mois de février 1662. L'aversion de la jeune duchesse pour son mari parut s'augmenter encore de la présence de son amant : mais, comme tout le monde, au reste, ignorait cet amour, personne, pas même celui qui y était le plus intéressé, ne conçut un soupçon ; et le duc de Lorraine, reçu à bras ouverts, fut logé au palais Pitti. Il y eut plus : vers la fin de l'année, la jeune grande-duchesse s'étant déclarée enceinte, la joie la plus vive succéda à la tristesse continuelle qui, depuis son arrivée, s'était répandue à la cour de Toscane. Il est vrai qu'en même temps sa haine pour Côme s'était augmentée encore, s'il était possible ; mais Ferdinand répondit aux plaintes de son fils que sans doute cette antipathie tenait à l'état même où sa femme se trouvait : si bien que, quoique cette humeur sombre se fût encore accrue au départ de Charles de Lorraine, Côme prit patience, et l'on gagna ainsi le 9 août 1663, époque à laquelle la princesse donna heureusement naissance à un fils qui, du nom de son grand-père, fut appelé Ferdinand.

Comme on le pense, la joie fut grande au palais Pitti; mais cette joie fut bientôt balancée par les dissensions domestiques qui ne faisaient qu'augmenter entre les deux époux. Enfin les choses en arrivèrent à ce point que le grand-duc, attribuant toutes les querelles à la présence et à l'influence des femmes françaises que la princesse avait amenées avec elle, les renvoya toutes à Paris avec une suite convenable et de riches présents, mais enfin les renvoya. Cet acte d'autorité porta au plus haut degré la colère de la jeune duchesse; sa douleur approcha du désespoir; il y eut rupture ouverte entre les deux époux. Alors Ferdinand, pour colorer cette séparation, conseilla à son fils un voyage en Lombardie; mais en même temps il écrivit une lettre de plaintes à Louis XIV.

De près comme de loin, Louis XIV avait l'habitude d'être obéi : il ordonna, et l'épouse rebelle eut l'air de se soumettre; si bien que vers la fin de 1666 on annonça officiellement une seconde grossesse. Mais en même temps, et par un hasard étrange qui renouvela les mêmes bruits qui avaient déjà couru à l'époque de la naissance du jeune duc Ferdinand, on parla d'intrigues avec un Français de basse classe, et le bruit se répandit que la princesse devait fuir avec lui. Il résulta de ce bruit qu'on l'observa plus attentivement; et une nuit on l'entendit, par une des fenêtres du rez-de-chaussée du palais Pitti, nouer avec un chef de bohémiens un plan d'évasion. Perdue dans sa troupe, revêtue d'un costume de gitana, elle devait fuir avec les misérables qu'il traînait avec lui.

Une pareille aberration étonna d'autant plus le grand-duc que la jeune princesse était enceinte de quatre mois à peu près. On redoubla donc de surveillance; mais alors, voyant que toute fuite lui était devenue impossible, elle fut prise d'un désir étrange pour une mère, c'était celui de se faire avorter. D'abord ce fut en montant à cheval et en choisissant les chevaux les plus durs au trot qu'elle essaya de mettre le projet à exécution; puis, quand on les lui ôta, ce fut en marchant à pied, et en un jour elle fit sept milles dans les terres labourées : puis enfin, quand tous les moyens de nuire à son enfant furent épuisés, elle tourna sa haine contre elle-même, et voulut se laisser mourir de faim. Il fallut la prudence et la douce persuasion du grand-duc Ferdinand pour la faire renoncer à ce projet et pour la conduire à la fin de sa grossesse, où elle accoucha de la princesse Anne-Marie-Louise.

Alors le grand-duc employa un moyen qui lui avait déjà réussi : c'était de faire faire un second voyage à son fils et d'écrire une nouvelle lettre à Louis XIV. En effet, vers le mois d'octobre suivant, lorsque Côme s'est bien assuré que la répulsion de sa femme pour lui est toujours la même, il quitte le palais Pitti pour faire un voyage incognito en Allemagne et en Hollande, visite Inspruck, descend le Rhin, parle, à leur grande satisfaction, le latin le plus pur aux savants hollandais et allemands, trouve à Hambourg la reine Christine de Suède, la félicite sur son abjuration, et revient en Toscane, où tout le monde le reçoit bien, excepté la grande-duchesse. Désolé de ce mauvais accueil, il repart aussitôt pour l'Espagne, le Portugal, l'Angleterre et la France, reste au dehors, ne revient que rappelé par l'agonie de son père, monte sur le trône que sa mort laisse vacant; mais alors l'absence et les ordres de Louis XIV ont produit leur effet. Un rapprochement s'opère entre les deux époux, et, le 24 mai 1671, anniversaire du jour où Côme est monté sur le trône, la princesse accouche au palais Pitti d'un second fils qui reçoit au baptême le nom de Jean Gaston son aïeul maternel.

Aussitôt la naissance de cet enfant, les dissensions conjugales recommencent; mais alors Côme, qui a deux fils et qui ne craint plus de voir éteindre sa race, perd l'espoir que la grande-duchesse change jamais de sentiments à son égard, et, lassé d'elle enfin comme depuis long-temps elle est lassée de lui, il lui permet de retourner en France, à la condition qu'elle entrera dans un couvent. Celui de Montmartre, dont Madeleine de Guise est abbesse, est choisi d'un commun accord : le 14 juin 1676, la grande-duchesse quitte donc la Toscane et revoit, après quinze ans d'exil, sa France bien-aimée. Mais à peine de retour à Paris, elle déclare que son mari l'a chassée, et qu'elle ne se croit pas obligée de tenir la promesse de réclusion que, cédant à la force, elle lui a faite; si bien que tout l'odieux de cette affaire retombe sur Côme, que les princes voisins commencent à mépriser à cause de sa faiblesse, et que ses sujets commencent à haïr à cause de son orgueil.

Dès lors toutes choses tournent d'une manière fatale pour Côme; il est évident qu'un mauvais génie pèse sur cette race, dont Dieu se retire, et que cette race en lutte avec lui succombera dans la lutte. Poursuivi par de tristes pressentiments, à peine Ferdinand est-il nubile qu'il le marie à Violente de Bavière, princesse vertueuse mais stérile; si bien que cette stérilité devient pour le jeune grand-duc un prétexte à des débauches si inouïes et si réitérées, que bientôt au milieu d'elles sa santé se perd et sa vie s'éteint.

A la première annonce de la stérilité de

Violente, Côme se hâte de fiancer Jean-Gaston son second fils. Celui-ci part aussitôt pour Dusseldorf, où il doit épouser la jeune princesse Anne-Marie de Saxe-Lowenbourg ; mais, à son arrivée, son désappointement est grand : au lieu d'une femme douce, gracieuse et élégante, comme il la voyait dans ses rêves, il trouve une espèce d'Amazone du temps d'Homère, rude de voix et de manières, habituée à vivre dans les bois de Prague et dans les solitudes de la Bohême, dont les seuls plaisirs sont les cavalcades et la chasse, et qui avait contracté dans les écuries, où elle passait le meilleur temps de sa vie, à parler à ses chevaux, un langage inconnu à la cour de Toscane. N'importe, Jean-Gaston est bon, ses sympathies, à lui, ne doivent compter pour rien lorsqu'il s'agit du bonheur de son pays. Il se sacrifie donc, il épouse la nouvelle Antiope; mais celle-ci, qui sans doute voit dans sa douceur de la faiblesse et dans sa courtoisie de l'humilité, prend en mépris un homme qu'elle regarde comme au-dessous d'elle, et Jean-Gaston humilié commande; la fière princesse allemande refuse d'obéir, et alors toutes les discussions qui ont attristé le mariage du père viennent assaillir l'union du fils. Côme alors, pour faire diversion à ses chagrins, suit l'exemple de son frère Ferdinand, se jette dans le jeu et dans les orgies, mange à l'un son apanage, ruine à l'autre sa santé, et bientôt Côme III reçoit avis des médecins que l'état de faiblesse dans lequel est tombé son fils leur ôte tout espoir qu'il puisse jamais donner un héritier à la couronne.

Alors le malheureux grand-duc tourne les yeux vers le cardinal François-Marie, son frère, qui n'a que quarante-huit ans, et qui par conséquent est encore dans la force de l'âge. C'est lui qui fera reverdir le rameau des Médicis. Le cardinal renonce à ses honneurs ecclésiastiques et à la chance d'être pape, et bientôt ses fiançailles avec la princesse Éléonore de Gonzague sont célébrées. Alors la joie renaît dans la famille, mais la famille est condamnée. Les refus que l'ex-cardinal a pris dans les premiers jours de son mariage pour les derniers combats de la pudeur se prolongent au delà du terme ordinaire; François-Marie commence à s'apercevoir que sa femme est décidée à n'accomplir du mariage que les cérémonies extérieures : il emploie l'autorité paternelle, il appelle à son secours l'influence de la religion ; il prie, conjure, menace même; tout est inutile; et tandis que Ferdinand pleure la stérilité forcée de sa femme, François-Marie annonce à son frère la stérilité volontaire de la sienne. Côme incline sa tête blanche, reconnaît la volonté de Dieu, qui ordonne que les plus grandes choses humaines aient leur fin; voit la Toscane placée entre l'avidité de l'Autriche et les ambitions de la France; veut rendre à Florence, pour la sauver de cette double prétention étrangère, son antique liberté; trouve appui dans la Hollande et dans l'Angleterre, mais rencontre obstacle dans les autres puissances, et dans la Toscane même, qui, trop faible maintenant pour porter cette liberté qu'elle a tant regrettée, la repousse et demande le repos, fût-il accompagné du despotisme; voit mourir son fils Ferdinand, puis son frère François, et meurt enfin lui-même après avoir, comme Charles-Quint, assisté non-seulement à ses propres funérailles, mais encore, comme Louis XIV, à celles de toute sa famille.

Tout ce qui avait commencé de pencher sous le règne de Ferdinand II croula sous celui de Côme III. Altier, superstitieux et prodigue, ce grand-duc s'aliéna le peuple par son orgueil, par l'influence qu'il donna aux prêtres, et par les impôts excessifs dont il chargea ses États pour enrichir les courtisans, doter les églises et faire face à ses propres dépenses. Sous Côme III, tout devint vénal; qui avait de l'argent achetait les places; qui avait de l'argent achetait les hommes; qui avait de l'argent, enfin, achetait ce que les Médicis n'avaient jamais vendu, la justice.

Quant aux arts, il arriva d'eux comme des autres choses : ils subirent l'influence du caractère de Côme III. En effet, pour ce dernier grand-duc, sciences, lettres, statuaire et peinture n'étaient quelque chose qu'autant qu'elles pouvaient flatter son immense orgueil et son inépuisable vanité. Voilà pourquoi rien de grand ne se produisit sous son règne. Mais à défaut de productions contemporaines, Paul Falloniere et Laurent Magallotti intéressèrent heureusement son amour-propre à continuer pour la galerie des Offices l'œuvre de Ferdinand et du cardinal Léopold. En conséquence, Côme réunit tout ce que son père et son oncle avaient déjà disposé à cet effet, y ajouta tous les tableaux, toutes les statues, toutes les médailles dont il avait hérité des ducs d'Urbin et de la maison de Rovère, chefs-d'œuvre parmi lesquels se trouvait le buste colossal de l'Antinoüs, et fit tout porter en grande pompe à ce magnifique musée à l'enrichissement duquel chacun applaudissait toujours, quoique les trésors qu'il amassait successivement y fussent moins versés par la générosité que par l'orgueil.

Le grand-duc Côme III avait pour devise un navire en mer guidé par les étoiles des Médicis, avec cet exergue : — *Certa fulgent sidera.* — Il est curieux que cette devise ait été justement choisie au moment où les étoiles allaient s'éteindre, où le navire allait sombrer!

Les Toscans voyaient avec effroi Jean-Gaston arriver à la toute-puissance. Ses débauches, si bien cachées qu'elles fussent dans les salles basses du palais Pitti, avaient débordé au dehors, et l'on parlait de voluptés monstrueuses qui rappelaient à la fois celles de Tibère à Caprée et celles de Henri III au Louvre. Comme le tyran antique et comme l'Héliogabale moderne, Jean-Gaston avait à la fois un troupeau de courtisanes et un monde de mignons pris les uns et les autres dans les basses classes de la société. Tout cela recevait un traitement fixe, mais qui pouvait s'augmenter selon la vivacité des plaisirs qu'ils procuraient à leur maître. Il y avait un nom nouveau créé pour cette chose nouvelle. On appelait les femmes *ruspante* et les hommes *ruspanti*, du nom de la monnaie d'or dont ils étaient payés et que l'on nommait ruspone. Tout cela est si anti-humain que cela en devient incroyable. Mais les mémoires du temps sont là, tous uniformes, tous accusateurs, tous enfin constatant dans le style cynique de l'époque les mille épisodes de ces saturnales que l'on croirait les caprices de la force, et qui n'étaient que le dévergondage de l'épuisement.

Aussi, lorsque Jean-Gaston monta sur le trône, tout était mort autour de lui, et il était mourant lui-même. Cependant, réveillé un instant par le danger que courait cet allégorique vaisseau que son père avait choisi pour armes, il rappela toute sa vie pour réagir contre la situation désespérée dans laquelle il se trouvait : à peine nommé grand-duc, il chasse de sa cour les vendeurs de places, les prévaricateurs et les espions; la peine de mort, si fréquente sous son père, mais qui n'était terrible qu'aux pauvres, vu qu'à prix d'argent les riches pouvaient s'en racheter, fut à peu près abolie. Forcé de renoncer au trône pour une descendance qu'il avait perdu tout espoir d'obtenir, il fit tout ce qu'il put au moins pour que la Toscane, ainsi que c'était son droit réservé vis-à-vis de Charles-Quint et de Clément VII, pût lui choisir un successeur élu dans son propre sein, et par conséquent se soustraire à la domination étrangère qui la menaçait. Mais les ministres de France, d'Espagne et d'Autriche brisèrent ce reste de volonté, et, Gaston vivant, lui donnèrent pour successeur, comme s'il était déjà mort, le prince don Carlos, fils aîné de Philippe V, roi d'Espagne, qui semblait effectivement, par son aïeule Marie de Médicis, avoir des droits au trône de Toscane; et en vertu de cette décision, le 22 octobre 1731, Jean-Gaston reçut de l'empereur une lettre qui lui annonçait le choix fait par les puissances et qui mettait le prince don Carlos sous sa tutelle. Jean-Gaston froissa la lettre et la jeta loin de lui en murmurant : —Oui, oui; ils me font la grâce de me nommer tuteur, et ils me traitent comme si j'étais leur pupille. Mais quelle que fût la douleur de Gaston, il lui fallut se soumettre; il courba le front et attendit son successeur, qui, protégé par la flotte anglo-espagnole, entra dans le port de Livourne dans la soirée du 27 septembre 1731. Jean-Gaston avait lutté neuf ans, c'était tout ce qu'on pouvait demander de lui.

Jean-Gaston attendit le jeune grand-duc au palais Pitti et le reçut sans quitter son lit, plus encore pour s'épargner les formalités d'étiquette qu'à cause de ses souffrances réelles. Don Carlos était un jeune homme de seize ans, beau comme un Bourbon, généreux comme un Médicis, franc comme un descendant de Henri IV. Jean-Gaston, que depuis long-temps personne n'aimait et qui n'obtenait qu'à prix d'or l'apparence de l'amitié ou de l'amour, s'attacha bientôt à cet enfant qu'il avait repoussé d'abord; de sorte que, lorsqu'il fut appelé par la conquête de Naples au royaume des Deux-Siciles, Jean-Gaston vit partir avec des larmes de douleur celui qu'il avait vu arriver avec des larmes de honte.

Le successeur nommé à don Carlos fut le prince François de Lorraine. Le grand-duché de Toscane lui était accordé comme dédommagement de la perte de ses États, définitivement réunis à la France. Jean-Gaston connut cette dernière décision lorsqu'elle était prise, on ne l'avait pas même consulté sur le choix de son héritier; tant on le regardait déjà nonseulement comme rayé de la liste des princes, mais encore de celle des vivants. Et, en effet, on avait raison; car, rongé par toutes les débauches, courbé par toutes les douleurs, brisé par toutes les humiliations, dévoré par toutes les impuissances, Jean-Gaston s'en allait mourant chaque jour. Depuis long-temps déjà ses infirmités ne lui permettaient plus de se tenir debout; mais pour retarder au moins autant qu'il était en lui le moment où il devait se coucher pour ne se relever jamais, il se faisait porter dans un fauteuil d'appartement en appartement.

Cependant, quelques jours avant sa mort, Jean-Gaston se sentit mieux; et, par un phénomène particulier à certaines maladies, ses forces lui revinrent au moment où elles allaient l'abandonner tout à fait. Jean-Gaston en profita pour se montrer aux fenêtres du palais Pitti, à ce peuple qui avait commencé par le mépriser, puis qui, après l'avoir craint, avait enfin fini par l'aimer, et qui s'amassait chaque jour sur la place pour avoir de ses nouvelles. A son aspect inattendu, de grands cris de joie éclatèrent; ces cris étaient un baume au cœur navré du pauvre mourant.

Il tendit au peuple, qui lui donnait cette preuve d'amour, ses mains pleines d'or et d'argent, ne pensant pas qu'il pût jamais payer le moment de bonheur que la Providence lui accordait. Mais ses ministres, qui déjà économisaient pour son successeur, le réprimandèrent de ses folles dépenses; et alors, ne pouvant plus donner sous peine d'être appelé prodigue, Jean-Gaston dit au peuple qu'il achèterait désormais tout ce qu'on voudrait bien lui apporter. En conséquence, un marché étrange, une foire inconnue, s'établit sur la noble place du palais Pitti. Chaque matin Jean-Gaston montait à grand'peine le double escalier qui conduit aux fenêtres du rez-de-chaussée, et achetait à prix d'or ce qu'on lui apportait, tableaux, médailles, objets d'art, livres, meubles, tout enfin, car c'était un moyen que son cœur lui avait suggéré de rendre au peuple une petite portion de cet argent qui lui avait été arraché par les exactions de son père. Enfin, le 8 juillet 1737, il cessa de paraître à cette fenêtre si bien connue, et le lendemain on annonça au peuple que Jean-Gaston avait rendu le dernier soupir.

Dans ce dernier soupir venait de s'éteindre cette grande race des Médicis, qui avait donné huit ducs à la Toscane, deux reines à la France, et quatre papes au monde.

Maintenant nous demandons pardon à nos lecteurs de leur avoir fait, à propos d'un palais, l'histoire d'une dynastie. Mais cette dynastie est éteinte, nul ne parle d'elle, les murs dans lesquels elle a vécu sont muets, et rien ne vient dire au voyageur, lorsqu'il visite ces beaux appartements aux lambris couverts de chefs-d'œuvre : Ici coulèrent les larmes. — Ici coula le sang.

Nous avons donc cru qu'il fallait laisser aux albums des voyageurs, aux guides des étrangers, le soin d'énumérer les Perugin, les Raphaël et les Michel-Ange que renferme le palais Pitti, le plus riche palais du monde peut-être sous le rapport de l'art; et qu'il nous fallait prendre, nous, une tâche plus haute, en nous chargeant de l'histoire politique de ce palais.

De cette façon le voyageur pourra comparer le passé au présent, les anciens maîtres aux nouveaux, la Toscane d'autrefois à la Toscane d'aujourd'hui ; et cette comparaison nous épargnera vis-à-vis de la grande maison de Lorraine, qui a succédé à la grande maison des Médicis, un éloge que l'on pourrait prendre pour une flatterie, quoiqu'un peuple tout entier fût là pour dire que nous sommes encore resté au-dessous de la vérité.

CHAPITRE III.

L'ARNO.

En sortant du palais Pitti, on entre dans la vieille ville par trois ponts au choix : le Ponte-Vecchio, qui conduit à la place de la Seigneurie ; le Ponte della Trinita, qui conduit à la place du même nom, et le Ponte alla Caraja, qui conduit à la place de Sainte-Marie-Nouvelle.

A propos de ponts, comme je dois une réparation à l'Arno, le lecteur trouvera bon que je la lui fasse à cet endroit.

J'ai écrit je ne sais où que l'Arno était, après le Var, le plus grand fleuve sans eau que je connusse. Le Var n'a rien dit, peu habitué à se trouver dans les rimes des poètes ; peut-être même s'est-il regardé comme honoré de la comparaison, mais il n'en a pas été de même de l'Arno. L'Arno, en se faisant aristocrate, est devenu susceptible. L'Arno s'est regardé comme insulté, je ne dirai pas dans son eau, mais dans son honneur. L'Arno a réclamé, non point par la voie des journaux comme il aurait fait en France : il n'y a heureusement pas de journaux dans la Toscane ; mais par la voix de ses concitoyens.

Une des choses remarquables de l'Italie, c'est la nationalité. Je ne veux pas dire ici cette nationalité qui unit les hommes de ce grand lien politique, civil et religieux, qui fait les États puissants et les peuples forts ; mais de cette nationalité restreinte, individuelle, égoïste, qui remonte au temps des petites républiques. Or il ne faut pas trop dire de mal de cette nationalité, si mal entendue qu'elle paraisse au premier abord : c'est à elle que l'Italie doit la moitié de ses monuments et les trois quarts de ses chefs-d'œuvre.

Mais aujourd'hui que dans l'Italie, comme

dans tous les autres pays du monde, on n'élève que peu de monuments, et l'on n'exécute que peu de chefs-d'œuvre, cette nationalité tourne ses dents et ses griffes contre ce qui vient de l'étranger. Tout au contraire de la France qui, en mère prodigue, fait bon marché du génie de ses enfants, déprécie tout ce qu'elle a, exalte tout ce qui lui manque, l'Italie est une arche sainte gardée par une armée d'antiquaires, de savants et de sonnétistes; et quiconque touche à l'un de ses milles tabernacles est à l'instant même frappé de mort.

Un Florentin serait venu à Paris, et aurait médit de la Seine, qu'il eût trouvé à l'instant même cent Parisiens pour la calomnier; il n'en est pas ainsi à Florence. J'ai dit que l'Arno manquait d'eau, et Florence n'a pas été tranquille qu'on ne m'eût prouvé qu'il en regorgeait; il est vrai qu'on me l'a un peu prouvé à la manière dont le bailli prouve à Cadet-Roussel qu'il est un poisson. Mais qu'importe! comme Cadet-Roussel, j'ai fini par dire que j'étais dans mon tort; et je crois qu'aujourd'hui la capitale de la Toscane m'a à peu près pardonné l'erreur dans laquelle j'étais tombé.

Au reste, j'avais été entraîné dans cette hérésie par un précédent authentique. Un de mes amis était passé en Toscane vers l'hiver de 1832. L'hiver de 1832 avait été fort pluvieux, comme chacun sait, et l'Arno s'en était ressenti. Mon ami avait eu sur la route de Livourne à Florence une foule de difficultés avec les vetturini, ce qui lui avait fait singulièrement regretter la facile locomotion du bateau à vapeur. En arrivant à l'hôtel de madame Humbert, il vit de ses fenêtres l'Arno qui coulait à plein bord; il appela le domestique de place.

— Peste! vous avez là un beau fleuve, mon ami, lui dit-il; où va-t-il comme cela?

— Excellence, il va à Pise.

— Et de Pise?

— A la mer.

— Et il est toujours aussi abondant?

— Toujours, excellence.

— Été comme hiver?

— Été comme hiver.

— Mais alors, pourquoi ne va-t-on pas à Pise en bateau à vapeur?

— Parce qu'il n'y en a pas, excellence.

— Pourquoi n'y en a-t-il pas? demanda mon ami.

— Heu! fit le Florentin.

C'était une réponse qui pouvait s'interpréter de plusieurs manières, mais mon ami l'interpréta ainsi :

— Le seul pays véritablement civilisé, c'est la France. Or le résultat de la civilisation, c'est le bateau à vapeur et le chemin de fer. La Toscane n'a encore ni chemin de fer ni bateau à vapeur. C'est tout simple; mais le premier industriel qui établira un tracé de chemin de fer de Livourne à Florence ou une ligne de bateaux à vapeur de Florence à Pise, fera sa fortune.

— Pourquoi ne serais-je pas cet industriel? se demanda-t-il à lui-même.

— Je le serai, se répondit-il, parlant toujours à sa personne.

Or, cette résolution prise, il hésita un instant entre le chemin de fer et le bateau à vapeur.

Le chemin de fer nécessitait des concessions de terrain immenses, il y a près de vingt lieues de Florence à Livourne ; c'était une affaire de soixante à soixante-dix millions, et mon ami, qui d'artiste qu'il était se faisait, à la vue de l'Arno, tout à coup spéculateur, comme certains cardinaux par inspiration se font papes, avait dans sa poche tout juste de quoi revenir en France.

Au contraire, le bateau à vapeur nécessitait à peine une mise de fonds d'un million à un million et demi. Or, qui est-ce qui, sur l'apparence d'une idée, ne trouve pas en France un million et demi ?

Mon ami s'arrêta donc au bateau à vapeur.

Il adressa aussitôt une demande au gouvernement, afin de s'assurer s'il pourrait établir, quoiqu'il fût étranger, une entreprise gigantesque, qu'il avait conçue après de profondes méditations, et dont il devait résulter le plus grand bien pour toute la Toscane.

Il va sans dire que le pétitionnaire s'était bien gardé d'énoncer quelle était cette entreprise, de peur qu'on ne lui volât son idée.

Le gouvernement répondit que toute industrie était libre dans les États du grand-duc; que, loin de gêner les entreprises particulières qui devaient concourir à la prospérité publique, le ministère les encourageait; que le pétitionnaire pouvait donc, en toute sécurité, poser les bases de son entreprise quelle qu'elle fût.

Le pétitionnaire bondit de joie : il retint sa place à la diligence de Livourne, sauta sur le premier bateau à vapeur venu; deux jours après il était en France, trois jours après il était à Paris.

C'était l'époque ou toutes les idées tournaient à l'industrie; il y avait des bureaux de spéculation en permanence : mon ami courut à un de ces bureaux.

Il tomba au milieu d'une société de capitalistes. Le moment était bien choisi : il y avait là cinq ou six millionnaires qui ne savaient que faire de leurs millions.

Mon ami demanda à être introduit, on s'informa de son nom; il allait le dire, lorsqu'il se souvint que, son nom étant un nom artistique, ce nom pourrait bien lui fermer toutes les portes. Il rattrapa donc la première syllabe, qui était déjà sortie, et répondit d'une voix pleine de majesté :

— Annoncez un homme qui a une idée.

Le domestique rendit l'annonce dans les termes textuels où elle avait été faite, et mon ami fut introduit à l'instant même dans le *Sanctum sanctorum* de la finance.

— Messieurs, dit-il, vos instants sont précieux, je serai donc bref. Je viens vous proposer d'établir des bateaux à vapeur sur l'Arno.

Il y eut un instant de silence, les capitalistes se regardèrent; puis l'un d'eux, répondant au nom de tous, demanda :

— D'abord qu'est-ce que l'Arno ?

Mon ami laissa échapper un imperceptible sourire, et répondit :

— Messieurs, si je vous disais moi-même ce que c'est que l'Arno ; comme je suis intéressé dans la question, peut-être ne me croiriez-vous pas. Je vous demanderai donc purement et simplement si vous possédez un dictionnaire de géographie et une carte de l'Italie ?

— Non, répondit un de ces messieurs; mais avec de l'argent on a tout ce qu'on désire, et l'on n'a qu'à prendre de l'argent et aller chercher chez le premier libraire venu ce que vous demandez.

— Envoyez donc, dit mon ami; les deux objets demandés sont indispensables à la chose.

On expédia un garçon de bureau qui revint un instant après avec le *Dictionnaire de Vosgien* et la Carte de l'Italie de Cassini.

—Lisez vous-même l'article ARNO, dit mon ami au spéculateur qui se trouvait le plus proche de lui et qu'on lui avait indiqué comme le plus riche capitaliste de la société.

Le capitaliste prit le dictionnaire, le tourna et le retourna, puis il le passa à son voisin : il ne savait pas lire.

Le voisin, qui avait reçu une éducation un peu plus forte, ce qui faisait qu'il était un peu moins riche, ouvrit le volume à la lettre A, page 58, et au bas de la deuxième colonne lut ce qui suit :

« ARNO, *Arnus*, grand fleuve d'Italie, dans la Toscane ; il prend sa source dans l'Apennin, passe à Florence et à Pise, et se jette dans la mer un peu au-dessous. »

L'article était d'une rédaction assez médiocre comme langue, mais fort clair comme topographie.

—Arno, *Arnus*, grand fleuve d'Italie, dans

la Toscane; il prend sa source dans l'Apennin, passe à Florence et à Pise, et se jette dans la mer un peu au-dessous — répétèrent en chœur les capitalistes.

— Ah, ah! fit le spéculateur qui ne savait pas lire.

— Diable! répondirent les autres.

— Arno, *Arnus*, grand fleuve d'Italie, dans la Toscane; il prend sa source dans l'Apennin, passe à Florence et à Pise, et se jette dans la mer un peu au-dessous — reprit à son tour mon ami, appuyant sur chaque mot, pesant sur chaque syllabe.

— Nous entendons bien, nous entendons bien, dirent les capitalistes.

— Ce n'est pas le tout que d'entendre, messieurs, ajouta mon ami d'une voix qui s'était raffermie de toute la somme de confiance qu'il voyait que l'on commençait à lui accorder.

Et il déploya sur une table la Carte de Cassini du même geste qu'aurait fait Napoléon lorsqu'il avait dit à Lucien : — Choisis parmi les royaumes de la terre! — Puis appuyant le bout du doigt vers le milieu de la Péninsule :

— Messieurs, dit-il, voici l'Arno.

Et l'on vit une jolie petite ligne tortueuse qui, comme l'indiquait le dictionnaire, prenait sa source dans l'Apennin, et allait se jeter dans la mer à la droite de Pise.

— Maintenant, ajouta-t-il, il n'est point que vous n'ayez entendu parler de Pise et de Florence, les deux villes les plus visitées de l'Italie.

— N'est-ce pas de ce côté-là, demanda le spéculateur qui ne savait pas lire, que M. Demidoff a une manufacture de soierie, et M. Larderelle une fabrique de borax?

— Justement, messieurs, justement, s'écria mon ami. Eh bien, de Florence à Pise, et de Pise à Florence, on ne communique qu'à l'aide de voiturins et de diligences; les voiturins prennent 6 francs par personne et les diligences 9 francs. Les voiturins mettent huit heures à parcourir le trajet, et les diligences douze. Nous établissons deux bateaux à vapeur qui remontent et qui descendent l'Arno chaque jour; nous prenons 3 francs au lieu de 6, nous faisons le trajet en cinq heures au lieu de douze : nous coulons les voiturins, nous anéantissons les diligences et nous faisons notre fortune.

— Mais, dit un des capitalistes qui passait pour l'homme politique de la société parce qu'il était propriétaire d'une action au *Constitutionnel*, mais la Toscane est un pays qui n'a ni Charte politique ni Code civil ; c'est un pays de despotisme, où nous n'obtiendrons jamais un privilége pour une entreprise qui doit y porter les lumières.

— Eh bien! voilà ce qui vous trompe, dit mon ami. La Toscane a un Code, et, ce qui vaut quelquefois mieux qu'une Charte, un souverain qu'elle adore. De priviléges, il n'y en a pas. Toute industrie est libre, et chacun peut y venir fonder tel établissement commercial qu'il lui plaît.

— Oh! oh! oh! fit l'actionnaire du *Consti-*

tutionnel, vous ne nous ferez pas accroire de pareilles choses, jeune homme!

— Lisez, dit mon ami en déployant aux yeux de tous la lettre qu'il avait reçue du ministère.

La lettre passa de main en main, et s'arrêta à celle du capitaliste qui ne savait pas lire, lequel la replia proprement et la rendit à son propriétaire avec un geste plein de courtoisie.

— Qu'en dites-vous, messieurs? demanda mon ami?

— Eh bien! nous disons, mon cher, que vous pourriez bien avoir raison. Faites vos calculs, nous ferons les nôtres, et revenez demain à la même heure.

Mon ami passa le reste de la journée et une partie de la nuit à mettre des chiffres les uns au-dessous des autres.

Le lendemain à l'heure convenue il se retrouva au rendez-vous.

On compara ses calculs avec ceux des capitalistes ; il n'y avait entre eux qu'une centaine de mille francs de différence, ce qui donna aux capitalistes une haute idée de la capacité de mon ami.

Séance tenante on arrêta les bases d'une société au capital de 1,600,000 francs. Mon ami fut nommé gérant, avec 12,000 francs d'appointements et un sixième dans les bénéfices.

Puis l'on décida que, comme il n'y avait en Toscane ni brevets ni priviléges, il fallait se garder d'ébruiter la spéculation, commander deux bateaux à vapeur à Marseille, puis un beau jour arriver à Pise comme Napoléon était arrivé au golfe Juan, c'est-à-dire sans être attendu, et mettre aussitôt le projet à exécution.

La construction des bateaux prit six mois ; ils coûtèrent cinq cent mille francs chacun : restaient donc six cent mille francs pour l'installation ; c'était le double de ce qu'il fallait. Pour la première fois les dépenses étaient restées au-dessous du devis.

On laissa à mon ami le choix du nom des bateaux; il appela l'un le *Dante*, et l'autre le *Corneille* : c'était un appel à la fraternité future des deux nations.

Les deux bâtiments entrèrent dans le port de Livourne après une navigation de trente heures; c'était deux heures de plus seulement que ne mettent aujourd'hui pour le même trajet les bâtiments de l'État.

Tous les présages, comme on le voit, étaient favorables.

Mon ami prit sa place dans un voiturin et partit pour Florence, où il pensait qu'il aurait quelques démarches à faire avant de mettre son entreprise au courant.

En arrivant auprès de l'Ambrogiana, il se trouva près d'un immense ravin au fond duquel coulait un petit filet d'eau.

Il demanda avec un sourire de pitié quel était ce mauvais torrent qui faisait tant d'embarras pour si peu de chose, et auquel il fallait pour une si petite rigole un si grand lit.

Le voiturin, qui était Lucquois, et qui par conséquent n'avait aucun motif de lui cacher la vérité, lui répondit que c'était l'Arno.

Mon ami poussa un cri de terreur, fit arrêter le berlingo, sauta à terre, et descendit tout courant vers le fleuve. Le voiturin, qui était payé, continua sa route vers Casellino, où il trouva un voyageur qui, moyennant quatre pauli, prit la place vacante. C'était un marché d'or pour tous deux.

Pendant ce temps le gérant de la Société des bateaux à vapeur le *Dante* et le *Corneille* était arrivé près du filet d'eau, qu'il sondait avec sa canne et qu'il mesurait de l'œil.

Dans sa plus grande profondeur, il avait quinze pouces; et dans sa plus grande largeur, dix-huit pieds.

Il remonta le fleuve pendant une lieue, et reconnut qu'il y avait des endroits où tout ce qu'il pouvait faire était de porter un bateau de carton.

Au bout d'une lieue il rencontra un paysan qui pêchait des écrevisses en retournant des pierres, et qui avait de l'eau jusqu'à la cheville. Il lui demanda si l'Arno était souvent dans l'état déplorable où il le voyait.

Le paysan répondit que la chose lui arrivait pendant neuf mois de l'année.

Mon ami ne crut pas utile de pousser jusqu'à Florence, et revint à Livourne dans la plus grande consternation.

Là, il avoua la chose à ses commettants, leur déclara qu'il s'était trompé, qu'il devait en conséquence porter la peine de son erreur. Il possédait quarante mille francs; c'était toute sa fortune : il les offrit à la société à titre de dommages et intérêts.

La société déclara que la chose était grave, et qu'il fallait en délibérer en conseil général.

Le conseil général décida qu'on vendrait les bateaux, et que mon ami supporterait les pertes.

Heureusement, vers le même temps, un bateau à vapeur sauta sur la Seine, et un autre sur le Rhône.

La société offrit les siens; et comme ils étaient tout prêts, ce qui permettait aux compagnies de la Seine et du Rhône de continuer leur service presque sans interruption, elle fit valoir la circonstance, et gagna cinquante mille francs dessus.

Grâce à cette circonstance, mon ami conserva ses quarante mille francs qui, placés à cinq, lui donnent deux mille livres de rente; lesquels deux mille livres de rente il mange tranquillement en Provence, dégoûté des spéculations et tremblant toutes les fois qu'on lui parle d'un fleuve.

Or voilà ce qui était arrivé à mon ami à l'endroit de l'Arno; ce qui, outre le témoignage de mes propres yeux, avait semblé pouvoir m'autoriser à avancer sur ce fleuve l'opinion qui l'avait si fort effarouché, et dont il avait si fort tenu à me faire revenir.

Or voici les preuves qu'on m'avait données. Je les livre aux lecteurs dans leur écrasante supériorité.

D'abord il y avait eu, outre le déluge général de Noé et le déluge partiel d'Ogigès, qui, selon les savants, s'est étendu jusqu'à Florence, trois débordements de l'Arno : le premier au onzième siècle, le second vers la fin du douzième, et le troisième au commencement du quatorzième. Dans ces trois débordements, quinze maisons s'étaient écroulées et trois personnes avaient péri. On allait en bateau dans les rues. On me montra une vieille gravure qui représentait ce dernier événement; c'était à faire frémir : la ville était à blanc d'eau, et un vaisseau de 74 canons aurait pu naviguer sur la place de la Trinité.

Après le récit de ces trois déplorables événements vint celui des fêtes dont l'Arno avait été le théâtre, et pour chacune desquelles il avait prêté le secours de ses abondantes eaux. Ces fêtes furent si nombreuses que leur programme seul formerait un volume : aussi n'en citerons-nous que trois, dans lesquelles on verra d'abord l'Arno jouant le rôle de l'Achéron, puis l'Arno jouant le rôle de la Newa, puis enfin l'Arno jouant le rôle de l'Hellespont. L'Arno est le maître Jacques des fleuves; il se prête à tout avec la bonhomie de la force et la complaisance de la supériorité.

C'est à l'an de grâce 1304 que remonte la fête la plus antique que le fleuve florentin cite dans ses preuves de noblesse : elle eut lieu à propos de l'arrivée à Florence du cardinal Nicolas de Prato, légat du Saint-Siége, et elle fut donnée par le bourg San-Friano.

Un jour on trouva affiché, non-seulement sur les murs de Florence, mais encore sur ceux de toutes les villes de la Toscane, que quiconque aurait envie de savoir des nouvelles de l'autre monde n'avait qu'à se rendre le jour des calendes de mai sur le pont alla Carrajà, et que là il lui en serait donné de certaines.

On comprend qu'une pareille annonce

éveilla une curiosité générale : c'était justement l'époque où venaient de paraître les six premiers chants de *la Divine Comédie*, et l'enfer était à la mode.

Chacun accourut donc au jour indiqué ; on s'entassa sur le pont alla Carrajà, qui, à cette époque, était de bois, et sur les quais environnants : toutes les fenêtres qui donnaient sur l'Arno étaient garnies de spectateurs comme les loges d'un théâtre un jour de représentation gratis.

Or on avait organisé au beau milieu du fleuve et de chaque côté du pont alla Carrajà, à l'aide de bateaux et de barques retenus par des piquets, des espèces de gouffres infernaux éclairés par des flammes de couleur, et au fond desquels on voyait s'agiter, poussant des cris lamentables et grinçant des dents, une certaine quantité d'individus dans le costume historique de nos premiers parents, lesquels représentaient les malheureuses âmes en peine *della città dolente*. Bon nombre de diables et de démons, horribles à voir, tenant en main des fouets, des fourches et des tridents, vaguaient au milieu des damnés, dont ils redoublaient les pleurs et les contorsions en les accablant de coups ; si bien que c'était un spectacle terrible à voir. Mais plus ce spectacle était terrible à voir, plus il attira de spectateurs ; et il en attira tant et tant, et l'on s'entassa si fort pour le voir de plus près, que tout à coup le pont se rompit et s'abîma avec ceux qui le surchargeaient sur les diables et les damnés, qu'ils écrasèrent en se brisant avec eux : si bien, dit naïvement Jean Villani, qui raconte cette catastrophe, qu'il y eut plus de quinze cents personnes qui, réalisant la promesse du programme, eurent ce jour-là des nouvelles certaines de l'enfer en allant les y chercher elles-mêmes; et cela à la grande douleur et au grand deuil de toute la ville, dans laquelle il y avait peu de personnes qui n'eussent à regretter un fils, une femme, un frère ou un mari.

La seconde fête fut plus gaie, et n'entraîna par bonheur aucune conséquence fâcheuse; elle eut lieu en 1604, année pendant laquelle le froid fut si intense que l'Arno gela comme aurait pu faire le Danube ou le Volga. Cet événement, presque sans exemple dans les fastes toscans, lui donna un petit air septentrional dont les Florentins résolurent de profiter pour étendre la renommée de leur fleuve. Il s'agissait d'organiser sur cette glace inconnue une fête aussi grande et aussi magnifique qu'on eût pu la donner dans l'arène d'un cirque.

Le lieu choisi pour le spectacle fut l'espace compris entre le pont de la Trinité et le pont alla Carrajà. C'est l'endroit où, été comme hiver, l'Arno, grâce à une digue construite à cent pas au-dessous de ce dernier pont, se présente dans toute sa majesté et toute l'abondance de son cours. Les loges destinées à servir de cabinets de toilette à ceux qui devaient activement prendre part à la fête furent les arches des deux ponts recouvertes par des tentures.

Quand chacun eut pris rang dans la troupe à laquelle il appartenait, et eut revêtu le costume qu'il devait porter, la procession commença de se montrer, sortant de l'arche voisine de San-Spirito. D'abord six tambours marchaient en tête, puis venaient six trompettes fort noblement habillés : les trompettes, comme on le sait, jouaient un grand rôle dans toutes les fêtes de la république florentine; puis après les trompettes s'avançait une mascarade comique composée d'une trentaine de jeunes gens qui devaient courir le Palium pieds nus; puis derrière cette mascarade apparut une autre troupe de coureurs vêtus en nymphes, assis sur des tabourets, tenant leurs jambes élevées à la manière des goutteux et ne marchant qu'à l'aide de deux petites béquilles dont ils tenaient une de chaque main, exercice qui donnait lieu aux accidents les plus bouffons et aux chutes les plus ébouriffantes; enfin venaient sur des chars bas et longs, faits d'après un modèle antique, glissant sur des patins de cuivre, et tirés et poussés par des hommes, les chevaliers appareillés pour la joute, et se tenant à cheval sur une selle, afin d'être plus libres de leurs mouvements.

Lorsque la procession eut fait le tour du cirque afin d'être vue et admirée des spectateurs qui encombraient les ponts et les quais, les coureurs déchaussés se retirèrent sous la première arche voisine de la Trinité, les coureurs goutteux sous la seconde arche, et enfin les chevaliers sous la troisième; et aussitôt commença un des plus amusants et des plus ridicules spectacles qui se puissent voir, car les coureurs pieds nus étant sortis de leur arche et s'étant mis à courir, il leur fut impossible de se maintenir sur la glace, si bien que de quatre pas en quatre pas il en tombait quelqu'un qui, en étendant les jambes, faisait tomber un autre de ses camarades, lequel communiquait la chute à un troisième, et ainsi jusqu'à ce que tous fussent couchés sur le carreau.

Après cette course vint celle des goutteux, plus comique encore que la première par les efforts extravagants que faisaient les pauvres estropiés, qui, forcés de se servir de leurs bras au lieu de leurs jambes, n'avançaient qu'à l'aide des mouvements les plus grotesques et les plus exagérés; encore de dix pas en dix pas tombaient-ils de leurs tabourets, glissant quelquefois, sur la partie postérieure de leur personne, à dix ou douze pieds de distance par l'élan même qu'ils s'étaient donné, et pareils à des balles à qui dans leurs jeux les enfants font raser la terre.

Enfin vint la dernière course, c'était celle des chevaliers. Celle-ci s'exécutait contre un géant sarrasin tout bardé de fer, monté sur un char et tenu ferme contre tous les coups qu'il pouvait recevoir par quatre hommes cachés derrière lui, lesquels demeuraient en place, grâce aux crampons dont étaient armés leurs souliers.

Après que chaque cavalier eut rompu douze ou quinze lances, tous se réunirent dans une évolution générale; puis, changeant de manœuvre, ils coururent l'un contre l'autre, la pointe de la lance armée de plats de faïence qui, en se heurtant l'un contre l'autre, se brisaient à grand bruit et volaient en mille morceaux.

Enfin vint la troisième et la plus magnifique des fêtes qui ont illustré l'Arno : c'est celle qui eut lieu en 1618, sous le règne de Côme II, et qui fut imaginée par le célèbre Adimari. Ce divertissement représentait les amours d'Héro et de Léandre. Laissons parler le programme lui-même ; nous ne ferions certes pas une relation qui peignît aussi bien que lui le caractère de l'époque à laquelle cette fête était donnée, et qui correspondait chez nous aux premières années du règne de Louis XIII.

« Héro, très-belle et très-noble damoiselle, prêtresse de Vénus, désirant de concert avec son amant Léandre montrer encore à l'Italie ce que c'est qu'un amour constant, a obtenu de la déesse de la beauté, non-seulement de quitter les Champs-Élysées pour revenir sur la terre avec les mêmes sentiments qui suivent l'âme dans la tombe, mais encore est autorisée à métamorphoser pour aujourd'hui le royal fleuve Arno dans l'antique et fameux Hellespont. On voit donc à la fois sur les deux rives de ce détroit, dont le faible intervalle sépare l'Europe de l'Asie, soupirer sur son rocher de Sestos l'amoureuse damoiselle, tandis que sur l'autre rive l'amoureux jeune homme part d'Abydos à la nage et s'expose, pour passer une heure avec sa maîtresse, à ce périlleux trajet. Alors la déesse, assise dans un nuage entre ces deux amours si tendres, cède à la compassion que lui inspire Léandre, et elle étend d'une rive à l'autre ce fameux pont que Xerxès voulut deux fois faire bâtir pour marcher à la conquête de la Grèce. Mais les peuples de l'Europe, saisissant l'occasion qui leur est offerte d'atteindre à l'antique gloire de leurs ancêtres, non-seulement en défendent l'usage à l'amoureux époux, mais encore tentent avec une armée nombreuse de s'emparer du pont; tentative à laquelle s'opposent les Asiatiques, à l'aide d'une autre armée non moins nombreuse, indignes qu'ils sont que l'art essaie de réunir ces deux terres que la nature a séparées.

» Les Européens s'avancent donc sous la présidence de la nymphe Europe, laquelle, pour enflammer ses soldats, leur promet, en récompense de leur victoire, le même taureau dans lequel se changea Jupiter lorsqu'il la transporta de Phénicie en Crète. De leur côté, les Asiatiques viennent sous les auspices de Bacchus leur antique dieu, lequel, pour animer le courage de ses troupes, promet aux victorieux un immense tonneau rempli de sa première liqueur.

» Alors commence sur ce pont, jeté par Vénus, une terrible lutte entre les deux peuples. Heureusement Cupidon, qui craint les désastres d'un tel combat, voit à peine les armées en présence, que de la cime des deux roches opposées il fait voler deux Amours qui viennent, leur flambeau à la main, séparer par un feu d'artifice les Asiatiques des Européens, montrant, par l'exemple de ces loyaux amants et de ces fidèles époux, combien sont dignes de mémoire ceux-là qui, sans crainte du danger, savent noblement mener à bonne fin les entreprises de guerre ou les aventures d'amour. »

Comme on le voit, de peur d'affliger sans doute les Florentins, le traducteur de Pindare avait violé, non pas l'histoire, mais la fable, en couronnant les amours d'Héro et de Léandre par un mariage. Cela rappelle notre bon Ducis, qui, en voyant l'effet terrible qu'avait produit le premier dénoûment d'Othello, en fit immédiatement un second à l'usage des âmes sensibles.

Puis peut-être aussi la véritable cause de cette substitution fut-elle qu'il n'y avait pas dans le faux Hellespont assez d'eau pour noyer Léandre (1).

---

(1) Au moment où j'écris ces lignes, je reçois une cinquième lettre pleine d'injures, au bas de laquelle, comme au bas des précédentes, je cherche inutilement un nom. J'y répondrai par une petite histoire.

« En arrivant à Florence, je fus, pendant que je dormais, piqué par un scorpion. Je cherchai pendant huit jours inutilement le venimeux animal qui avait profité de l'obscurité pour me mordre et s'enfuir; le neuvième je le découvris enfin et l'écrasai. »

6 avril 1842.

CHAPITRE IV.

VISITES DOMICILIAIRES.

Maison d'Alfieri.

Au bout du Ponte-alla-Trinita, en descendant le quai qui conduit au palais Corsini, entre le casino de la Noblesse et la maison habitée par le comte de Saint-Leu, ex-roi de Hollande, indiquée sous le n° 4177, est la maison où mourut Alfieri.

L'appartement du poète piémontais était au second étage. Lors de mon arrivée à Florence cet appartement était vacant; je le visitai dans la double intention de rendre hommage à la mémoire du Sophocle italien, comme on l'appelle pompeusement à Florence, et de le louer s'il me convenait. Malheureusement sa disposition rendait impossible la réalisation de ce dernier désir : quelque lustre qui eût pu rejaillir sur moi d'avoir dormi dans la même chambre et travaillé dans le même cabinet que l'auteur de *Polinice* et de *la Conspiration des Pazzi*, il me fallut renoncer à cet honneur.

Ce fut vers la fin de 1793, comme le dit lui-même Alfieri dans ses Mémoires, qu'il vint habiter la maison où il mourut.

« A la fin de cette même année il se trouva, près du pont de la Sainte-Trinité, une maison extrêmement jolie, quoique petite, placée sur le Lung'Arno au midi : la maison de Gianfigliazzi, où nous allâmes nous établir vers le mois de novembre, où je suis encore, et où il est probable que je mourrai si le sort ne m'emporte pas d'un autre côté. L'air, la vue, la commodité de cette maison, me rendirent la meilleure partie de mes facultés intellectuelles et créatrices, moins les tramelogédies, auxquelles il ne me fut plus possible de m'élever (1). »

(1) Cette première citation et les citations suivantes que

Alfieri habitait cette maison avec une femme dont le souvenir est encore aussi vivant à Florence que si elle ne fût pas morte depuis dix ans : c'était la comtesse d'Albany, veuve de Charles-Édouard, le dernier des princes anglais déchus du trône. Le poète l'avait rencontrée à son précédent voyage dans la capitale de la Toscane; il avait alors vingt-huit ans : il raconte lui-même le commencement de cet amour, qui ne devait finir qu'avec sa vie.

« Pendant l'été de 1777, que j'avais tout entier passé à Florence, comme je l'ai dit, j'y avais souvent rencontré sans la chercher une belle et très-aimable dame. Étrangère de haute distinction, il n'était guère possible de ne la point voir et de ne la point remarquer; plus impossible encore, une fois vue et remarquée, de ne pas lui trouver un charme

---

j'emprunterai aux Mémoires d'Alfieri sont prises dans la belle traduction de M. Latour, homme de beaucoup de talent, et qui a déjà fait avec un rare bonheur passer dans notre langue les *Dernières Lettres de Jacques Ortis* et les *Prisons* de Silvio Pellico.

infini. La plupart des seigneurs du pays et tous les étrangers qui avaient quelque naissance étaient reçus chez elle; mais, plongé dans mes études et dans une mélancolie sauvage et fantasque, et d'autant plus attentif à éviter toujours entre les femmes celles qui me paraissaient les plus aimables et les plus belles, je ne voulus pas à mon premier voyage me laisser présenter dans sa maison. Néanmoins il m'était arrivé très-souvent de la rencontrer dans les théâtres et à la promenade; il m'en était resté dans les yeux et en même temps dans le cœur une première impression très-agréable. Des yeux très-noirs et pleins d'une douce flamme, joints, chose rare, à une peau blanche et à des cheveux blonds, donnaient à sa beauté un éclat dont il était difficile de ne pas être frappé, et auquel on échappait malaisément. Elle avait vingt-cinq ans, un goût très-vif pour les lettres et les beaux-arts, un caractère d'ange; et malgré toute sa fortune, des circonstances pénibles et désagréables ne lui permettaient d'être ni aussi heureuse ni aussi contente qu'elle l'eût mérité : il y avait là trop de doux écueils pour que j'osasse les affronter.

» Mais dans le cours de cette automne, pressé à plusieurs reprises par un de mes amis de me laisser présenter à elle, et me croyant désormais assez fort, je me risquai à en courir le danger, et je ne fus pas longtemps à me sentir pris presque sans m'en apercevoir. Toutefois, encore chancelant entre le oui et le non de cette flamme nouvelle, au mois de décembre je pris la poste, et je m'en allai à franc étrier jusqu'à Rome; voyage insensé et fatigant, dont je ne rapportai pour tout fruit qu'un sonnet que je fis une nuit dans une pitoyable auberge de Baccano, où il me fut impossible de fermer l'œil. Aller, rester, revenir, ce fut l'affaire de douze jours; je passai et repassai par Sienne, où je revis mon ami Gori, qui ne me détourna point de ces nouvelles chaînes dont j'étais plus d'à moitié enveloppé; aussi mon retour à Florence acheva bientôt de les river pour toujours. L'approche de cette quatrième et dernière fièvre de mon cœur s'annonçait, heureusement pour moi, par des symptômes bien différents de ceux qui avaient marqué l'accès des trois premières : dans celles-ci, je n'étais point ému, comme dans la dernière, par une passion de l'intelligence qui, se mêlant à celle du cœur et lui faisant un contre-poids, formait, pour parler comme le poète, un mélange ineffable et confus qui, avec moins d'ardeur et d'impétuosité, avait cependant quelque chose de plus profond, de mieux senti, de plus durable. Telle fut la flamme qui, à dater de cette époque, vint insensiblement se placer à la tête de toutes mes affections, de toutes mes pensées, et qui désormais ne peut s'éteindre qu'avec ma vie. Ayant fini par m'apercevoir, au bout de deux mois, que c'était la femme que je cherchais, puisque, loin de trouver chez elle, comme dans le vulgaire des femmes, un obstacle à la gloire littéraire et de voir l'amour qu'elle m'inspirait me dégoûter des occupations utiles et rapetisser pour ainsi dire mes pensées; j'y trouvais, au contraire, un aiguillon, un encouragement et un exemple pour tout ce qui était bien. J'appris à connaître et à apprécier un trésor si rare, et dès lors je me livrai éperdûment à elle. Et, certes, je ne me trompai point, puisqu'après dix années entières, à l'époque où j'écris ces enfantillages, désormais, hélas! entré dans la triste saison des désenchantements, de plus en plus je m'enflamme pour elle à mesure que le temps va détruisant en elle ce qui n'est pas elle, ces frêles avantages d'une beauté qui devait mourir. Chaque jour mon cœur s'élève, s'adoucit, s'améliore en elle ; et j'oserai dire, j'oserai croire qu'il en est d'elle comme de moi, et que son cœur, en s'appuyant sur le mien, y puise une nouvelle force. »

Alfieri habita dix ans cette maison, à laquelle il reconnaît sur sa santé et son génie une si heureuse influence, c'est-à-dire qu'il y entra à l'âge de quarante-cinq ans. Ce fut là qu'après avoir lu Homère et les tragiques grecs dans des traductions littérales, il se remit à l'étude de la langue de Démosthènes, écrivit la seconde *Alceste*, finit son *Misogallo*, termina sa carrière poétique par la *Taleutodia*, conçut le plan de six comédies à la fois, institua son ordre d'Homère dont il se décora de sa propre main; las, épuisé, renonça à toute entreprise nouvelle, et, plus propre, comme il le dit lui-même, désormais à défaire qu'à faire, sortit volontairement de la quatrième époque de sa vie en se constituant vieux à cinquante-cinq ans, après avoir passé vingt-huit ans à inventer, à vérifier, à traduire et à étudier.

Les Mémoires d'Alfieri s'arrêtent au 4 mai 1803. A cette époque sa santé était entièrement détruite. Comme chez Schiller, l'âme avait chez Alfieri usé le corps avant l'âge. La goutte qu'il éprouvait à tous les changements de saison l'avait pris dès le mois d'avril, plus fâcheuse que de coutume, sans doute parce qu'elle l'avait trouvé plus épuisé qu'à l'ordinaire. Alors, comme depuis un an déjà Alfieri sentait sa digestion devenir de plus en plus difficile, il se mit en tête qu'il affaiblirait son mal en réduisant encore le peu de nourriture qu'il prenait, et que d'un autre côté son estomac, plus libre par l'inaction à laquelle il le condamnait, laisserait plus de lucidité à son esprit. Le résultat de ce régime, auquel Byron dut aussi, selon toute probabilité, sa mort prématurée, fut bientôt visible chez Alfieri ; déjà arrivé à un état de maigreur inquiétant, il devint plus maigre encore de jour en jour. Alors la comtesse d'Albany essaya d'user de son influence pour décider le malade à renoncer à cette diète fatale ; mais pour la première fois ses prières furent sans influence. En même temps, comme si Alfieri eût senti la mort venir, il travaillait sans relâche à ses comédies ; puis, dans les moments où il ne composait pas ou n'exécutait pas, il lisait, relisait sans cesse, afin de donner à la fébrile avidité de son esprit une nourriture dont il privait son corps. C'est ainsi que maigrissant toujours et réduisant sans cesse la portion d'aliments qu'il se permettait, il arriva au 3 octobre de la même année.

Ce jour-là Alfieri s'était levé plus gai que la veille et mieux portant que d'habitude. Vers les onze heures, après ses études régulières du matin, il sortit en phaéton pour aller se promener aux Caschines. Mais à peine fut-il arrivé au Ponte-alla-Carrajà, qu'il se sentit pris d'un si grand froid, qu'il voulut, pour se réchauffer, descendre et marcher un peu longo l'Arno. Il n'avait pas fait dix pas qu'il se sentit pris de violentes douleurs d'entrailles. Il rentra aussitôt, et à peine rentré fut pris d'un accès de fièvre qui dura quelques heures et cessa vers le soir, laissant cependant subsister pendant toute la nuit une continuelle et impuissante envie de vomir.

Cependant, comme ses douleurs d'entrailles s'étaient calmées vers midi, Alfieri s'habilla, et à deux heures descendit pour se mettre à table. Mais cette fois il n'essaya pas même de manger; une partie de l'après-dîner et de la soirée se passa dans une somnolence continue, et cependant à peine pendant la nuit put-il dormir deux heures, tant cette nuit fut agitée.

Le 5 au matin, il se rasa lui-même, s'habilla presque sans le secours de son valet de chambre et voulut sortir pour prendre l'air. Mais arrivé au seuil de la porte, la pluie qui commençait à tomber, et qui menaçait d'aller en augmentant, ne le lui permit pas. Il remonta donc, essaya de travailler, n'en put venir à bout et passa la journée dans un état d'impatience qui lui était trop familier pour que dans toute autre circonstance on s'en fût inquiété, mais qui cette fois alarma violemment la comtesse d'Albany. Le soir cependant cette irritabilité se calma un peu ; il but son chocolat et le trouva bon ; mais trois heures après s'être remis au lit, il fut repris de nouvelles douleurs d'entrailles plus vives et plus intenses encore que les premières. Le docteur, appelé pour la première fois, ordonna alors des sinapismes aux pieds. Après de longues contestations, le malade consentit à se les laisser mettre ; mais à peine commencèrent-ils d'agir, que, craignant qu'ils ne produisissent quelques plaies, et que ces plaies ne l'empêchassent de marcher, Alfieri s'en débarrassa sans rien dire et les repoussa dans un coin de son lit. Si peu qu'ils eussent opéré, cependant, leur application avait été favorable ; et vers le soir, le malade se trouvant mieux se leva, quelque observation qu'on tentât de lui faire, prétendant qu'il ne pouvait supporter le lit.

Dans la matinée du 7, comme l'état du malade présentait des symptômes de plus en plus inquiétants, le médecin ordinaire d'Alfieri fit appeler un de ses confrères. Ce dernier approuva le traitement suivi, blâma l'enlèvement prématuré des sinapismes, que trahit le peu de traces qu'ils avaient laissé, et ordonna des vésicatoires aux jambes. Mais si Alfieri s'était révolté contre le premier remède, ce fut bien pis contre le second. Il déclara que rien au monde ne le déterminerait à l'employer, et invita ses deux médecins à ne s'occuper de rien autre chose que de calmer ses douleurs d'entrailles; ils lui préparèrent alors une potion dans laquelle entrait une assez forte dose d'opium.

Cette potion le calma d'abord; mais le malade ayant persisté dans son refus de se coucher, et étant resté étendu sur une chaise longue près de la comtesse d'Albany, qui était établie sa gardienne, peu à peu le repos momentané qu'il devait à ce puissant narcotique dégénéra en hallucinations; alors son visage pâle s'empourpra, ses yeux s'ouvrirent fixes et fiévreux, sa parole devint stridente et saccadée, et, dans une espèce de délire, il vit repasser devant ses yeux, vivants et comme s'ils étaient accomplis de la veille, les événements les plus oubliés de son enfance et de sa jeunesse. Bien plus, des centaines de vers d'Hésiode, qu'il n'avait cependant lu qu'une fois, se représentèrent à sa mémoire avec une telle lucidité, qu'il en disait des tirades entières, qu'il avait retenues, lui-même ne savait comment. Cet état d'exaltation dura jusqu'à six heures du matin.

A cette heure seulement, vaincue par ses prières, la comtesse d'Albany consentit à aller prendre quelques instants de repos. A peine fut-elle sortie de sa chambre, qu'Alfieri profita de son absence pour prendre une potion qu'il avait demandée à ses médecins, et que ses médecins lui avaient refusée : c'était un mélange d'huile et de magnésie. Au même instant il se sentit plus mal; à ses douleurs d'entrailles avait succédé un engourdissement lourd et froid qui ressemblait à une paralysie. Le malade lutta pendant quelque temps contre ce premier envahissement de la mort, marchant dans la chambre, parlant tout haut, essayant la réaction de l'intelligence sur la matière. Mais enfin, se sentant de plus en plus mal, il sonna, et son domestique en entrant le trouva assis et épuisé sur un fauteuil voisin du cordon de la sonnette. Il appela aussitôt la comtesse d'Albany et courut chez le médecin.

La comtesse d'Albany accourut. Elle trouva Alfieri respirant à peine et à demi suffoqué. Elle l'invita alors à essayer de se coucher; il se leva aussitôt, chancelant et lui tendant la main, marcha vers son lit, s'y laissa tomber en poussant un gémissement; bientôt sa vue s'obscurcit, ses yeux se fermèrent. La comtesse, qui à genoux près de lui tenait une de ses mains dans les deux siennes, sentit un faible serrement; puis elle entendit un faible et long soupir : c'était le dernier souffle du poète; Alfieri était mort.

Au moment où les Français envahirent la Toscane, Alfieri, exagéré comme toujours, avait résolu de les attendre comme autrefois les sénateurs romains attendirent les Gaulois sur leurs chaises curules, ne doutant pas que la mort ne dût être le prix de son courage. Il avait alors fait son épitaphe et celle de la comtesse d'Albany. Les voici toutes deux :

ÉPITAPHE D'ALFIERI.

Ici repose enfin
Victor Alfieri d'Asti,
Ardent adorateur des Muses,
Esclave de la seule vérité,
Par conséquent odieux aux despotes
Qui commandent et aux lâches qui obéissent,
Inconnu à la
Multitude,
Attendu qu'il ne remplit jamais
Aucun emploi
Public.
Aimé de peu de gens, mais des meilleurs.
Méprisé
De personne, si ce n'est peut-être
De lui-même.
Il a vécu.... années.... mois.... jours
Et il est mort... jour... mois...
L'an du Seigneur M. D. CCC...

ÉPITAPHE DE LA COMTESSE D'ALBANY.

Ici repose
Aloyse de Holberg,
Comtesse d'Albany,
Très-illustre
Par sa naissance, par sa beauté, par sa candeur,
Pendant l'espace
De.... années.
Chérie au delà de toutes choses par Alfieri,
Près de qui
Elle est ensevelie dans le même tombeau (1).
Constamment honorée par lui
A l'égal d'une divinité mortelle
Elle a vécu... années... mois... jours,
Est née dans les montagnes du Hénaut.
Elle est morte... jour... mois...
De l'an du Seigneur M. D. CCC...

(1) C'est ainsi qu'il faudra mettre si, comme je le crois et l'espère, je meurs le premier : si Dieu ordonnait qu'il en fût autrement, on substituerait à cette ligne celle-ci :

« Qui sera bientôt enseveli dans le même tombeau. »

Aucune de ces deux épitaphes ne reçut sa destination, ainsi que nos lecteurs le verront lorsque nous les conduirons à l'église de Santa-Croce.

Maisons de Benvenuto Cellini.

Nous écrivons *maisons* au pluriel, car il y a à Florence deux maisons qui conservent le souvenir de l'illustre ciseleur : la maison où il est né, et où il reçut de son père et de sa mère, qui s'attendaient à la naissance d'une fille, le prénom reconnaissant de Benvenuto; et celle qu'il tenait de la munificence du duc Côme, et où eut lieu la fameuse fonte du Persée.

La première était dans la rue *Chiara nel Popolo di San-Lorenzo.*

La seconde était dans la rue de la Pergola. Des inscriptions gravées sur une plaque de marbre les signalent toutes deux à la curiosité des voyageurs.

C'est dans la première que se passe sa jeunesse; qu'il serre dans sa main un scorpion qui, par miracle, ne le pique point; que son père voit dans le feu une salamandre, la lui montre, et, pour qu'il se souvienne de cette merveille, lui donne un si vigoureux soufflet que l'assurance que ce soufflet est une précaution contre l'oubli ne peut le consoler, si bien que, pour étancher ses larmes, il faut que non-seulement son père lui dépose un baiser sur chaque joue, mais encore lui mette un écu sur chaque œil. C'est dans cette maison enfin qu'il passe sa jeunesse, caressé de temps en temps par le gonfalonier Soderini, que manquera d'aveugler Michel-Ange, et dont Machiavel immortalisera la stupidité dans une épitaphe ; étudie l'orfévrerie chez le père de Bandinello et dans la boutique de Marcone, jusqu'à ce qu'un jour il se prend de querelle entre la porte al Prato et la porte Pitti ; ramasse l'épée de son frère renversé d'un coup de pierre, et espadonne si joyeusement que le Conseil des huit l'invite à aller passer six mois loin de Florence. Alors commence la vie aventureuse de Cellini.

Il abandonne cette maison paternelle, qu'il ne reverra plus qu'à de longs intervalles, et où il ne fera plus que de courtes haltes ; il va à Sienne, où il travaille sous François Castero ; à Bologne, où il travaille sous maître Hercule del Giffero; à Pise, où il travaille sous Ulvieri della Chiostra; refuse d'aller en Angleterre avec Torrigiani, parce que d'un coup de poing Torregiani a écrasé le nez de Michel-Ange; entre chez François Salembeni, où il fait une agrafe de ceinture; part pour Rome avec le graveur Tasso; fait dans la boutique de Firenzola, de Lombardie, une salière magnifique; revient à Florence, se fait condamner à l'amende pour une nouvelle rixe; sort de Florence déguisé en moine; retourne à Rome, entre chez Lucagnolo da Jesi, fait des chandeliers pour l'évêque de Salamanque et un lis de diamants pour la Chigi; apprend à sonner de la trompette, est fait musicien de la cour pontificale; travaille pour le pape Clément VII et pour différents cardinaux; fait la médaille de Léda pour le gonfalonier de Rome, Gabriel Ceserino; deux vases pour Jacques Berengario; est nommé bombardier au château Saint-Ange; se figure qu'il a tué d'un coup d'arquebuse le connétable de Bourbon; fond l'or dans lequel sont montés les joyaux du pape; attise ses fourneaux d'une main, tire ses fauconneaux de l'autre; de l'une de leurs décharges blesse mortellement le prince d'Orange; revient à Florence capitaine; va à Mantoue et travaille sous Niccolo de Milan; fait au duc un reliquaire et au cardinal un cachet; retourne à Florence avec la fièvre et trouve son père mort; est rappelé à Rome par Clément VII, qui a payé sa rançon en vendant huit chapeaux de cardinaux; fait la monnaie de l'Ecce-Homo et de Saint Pierre sur la mer; voit mourir entre ses bras son frère blessé dans une rixe, fait faire son épitaphe en latin, tue son meurtrier, se sauve chez le duc Alexandre, qui demeurait entre la place Navone et la Rotonde; en est quitte pour une bouderie du pape, qui le fait son massier; s'amourache d'Angélique Siciliana; se livre à la magie; jette une poignée de boue au visage de ser Benedetto, oublie d'en ôter un caillou qui s'y trouve par hasard et qui le renverse évanoui, croit l'avoir tué, se sauve à Naples, est bien accueilli par le vice-roi; apprend que ser Benedetto n'est pas mort, revient à Rome près du cardinal Hippolyte de Médicis; présente au pape la médaille de la Paix, reçoit la commission de faire celle de Moïse; tue l'orfévre Pompeio de deux coups de poignard, est défendu par les cardinaux Cornaro et Médicis, obtient du pape Paul III un sauf-conduit; tourmenté par Pierre-Louis Farnèse, il se débarrasse d'un hère qui le gêne, s'enfuit à Florence; part pour Venise avec le Tribolo, se prend de querelle en passant à Ferrare avec les bannis florentins, visite le Sansorino; repart pour Florence, frappe la monnaie du duc Alexandre, se dispute avec Octaviano de Médicis; retourne à Rome en promettant au duc Alexandre de lui faire une médaille, est gracié par le pape à l'endroit du meurtre de Pompeio; tombe malade, est soigné par Francesco Furconi, se trouve si mal que la nouvelle de sa mort se répand, se guérit en buvant de l'eau; revient à Florence, se querelle avec le duc Alexandre à propos de Vasari; retourne à Rome, est calomnié près du pape par Latino Maletti; quitte de nouveau Rome, résolu d'aller en France; commence en passant à Padoue une médaille pour le Bembo; traverse les Grisons, arrive à Paris, est reçu par François Ier, va avec la cour à Lyon, y tombe malade; revient en Italie, est bien accueilli par le duc de

Ferrare, arrive à Rome; est demandé au pape par M. de Montluc, au nom du roi de France; est accusé, par Jérôme Perugino, d'avoir distrait à son profit une partie des joyaux que lui a confiés Clément VII pour les démonter, est enfermé au château Saint-Ange, tente de s'évader avec ses draps, tombe du haut en bas d'un bastion et se casse une jambe, est porté chez le sénateur Cornaro, qui le fait soigner; le pape le réclame, Cellini est transporté dans une chambre du Vatican, d'où on le transporte de nuit à Torre di Nono; il se croit condamné à mort; lit la Bible, tente de se tuer, est retenu par un bras invisible, a une vision, écrit un madrigal, fait des dessins sur le mur, est élargi sur les instances du cardinal d'Est; part pour la France; à Monte-Rosi soutient un assaut contre ses ennemis qui l'attendaient pour l'assassiner, sort de l'escarmouche sain et sauf, visite en passant à Viterbe ses cousines qui sont religieuses; se prend de dispute à Sienne avec un maître de poste et le tue; s'arrête un instant à Florence dans cette maison d la rue Chiara nel Popolo, où il est né et où son père est mort; traverse Ferrare, fait en passant une médaille pour le duc Hercule ; franchit le mont Cenis, arrive à Lyon, gagne Paris, part pour Fontainebleau avec la cour, refuse avec indignation les 300 écus qu'on lui offre par an, s'enfuit furieux, décide un pèlerinage à Jérusalem, est rejoint au bout de dix lieues, ramené à la cour, où sa pension est fixée à 700 écus ; reçoit commission de François Ier de lui faire douze statues d'argent de trois bras chacune, ouvre boutique, y reçoit la visite du roi, fait le modèle en grand de son Jupiter, reçoit des lettres de naturalisation du roi, qui lui donne le château de Nesle; réclame en vain l'argent nécessaire à sa statue de Junon ; reçoit une seconde visite du roi, qui lui commande des travaux pour Fontainebleau ; présente au roi deux modèles de porte et un modèle de fontaine, encourt l'inimitié de madame d'Étampes pour ne les lui avoir pas montrés; est accusé de sodomie, apprend que le Primatice lui a escamoté les travaux de la fontaine et que madame d'Étampes a proposé au roi de le faire pendre, se justifie près de François I$_{er}$, intimide le Primatice, qui lui rend sa fontaine ; reçoit une troisième visite du roi qui, enchanté de son Jupiter, ordonne qu'on lui compte 7,000 écus d'or, dont il ne touche que 1,000, attendu les besoins de la guerre; est consulté par le roi sur les fortifications de Paris, reste sans secours pour continuer ses travaux à cause de la guerre; obtient, par l'intermédiaire du cardinal d'Est, la permission de retourner en Italie; arrive à Florence, où il trouve sa sœur dans la misère; fait une visite au grand-duc Côme, qui lui commande le Persée; trouve une maison qui lui convient pour exécuter cet ouvrage, la demande au grand-duc, qui la lui donne. C'est la maison de la rue de la Pergola.

« La casa è posta in via Lauro, in sul canto delle quattro case, e confina col orto de' Nocenti, et è oggi di Luigi Ruccellaï di Roma. L'assunto in Fiorenze l'ha Lionardo Ginori. In prima era di Girolamo Salvadori. Io priego V. E. che sia contenta di mettermi in opera. Il divoto servitore di V. Eccellenzia.

» BENVENUTO CELLINI. »

Au-dessous de ces mots est le rescrit suivant, qui est écrit de la main même du duc :

« Veggasi q' a chi sta a venderla, e il prezzo che ne domandano; perche vogliamo compiacerne Benvenuto. »

Passons par-dessus les mille aventures qui lui arrivent encore, par-dessus les accusations qui le poursuivent, par-dessus sa fuite et son voyage à Venise, par-dessus ses disputes avec Bandinelli, pour arriver enfin à la fonte du Persée, l'événement principal de cette période de sa vie, et qu'il va nous raconter lui-même.

Tous les malheurs sont venus l'assaillir et ont menacé la naissance de cette statue, si long-temps mise en problème par ses rivaux. Le feu a pris à la maison d'une manière si violente qu'on a craint un instant que le toit ne s'abîmât sur la boutique. Le temps s'est mis à l'orage, et il est tombé une si grande pluie, et il a fait un si grand vent qu'on a eu toutes les peines du monde à entretenir le feu de la fournaise. Enfin, le moule est prêt, le métal est en fusion, il n'y a plus qu'à faire couler le bronze de la chaudière dans la forme, quand le pauvre Benvenuto se sent pris d'une si grosse fièvre, qu'il est obligé de laisser jouer à des ouvriers cette partie dont dépend son honneur, et que ne pouvant plus tenir sur ses jambes il se décide à aller se mettre au lit.

« Alors, dit-il, triste et tourmenté, je me tournai vers ceux qui m'entouraient, et qui étaient au nombre de dix ou douze, tant maîtres fondeurs que manœuvres et ouvriers travaillant dans ma boutique ; et m'adressant à un certain Bernardino Manellini du Mugello qui faisait partie de ces derniers, et qui était chez moi depuis plusieurs années, après m'être recommandé à tous, je lui dis à lui particulièrement : — Mon cher Bernardino, suis ponctuellement les ordres que je t'ai donnés, et fais le plus vite que tu pourras, car le métal ne peut tarder d'être à point. Tu ne peux te tromper ; ces braves gens feront le canal, et je suis certain qu'en ne vous écartant point de mes instructions la forme s'emplira parfaitement. Quant à moi, je suis plus malade que je ne l'ai jamais été depuis le jour où je suis né, et, sur ma parole, je crains bien avant peu d'heures de n'être plus de ce monde.

» Et ayant ainsi parlé, je les quittai bien triste, et j'allai me coucher.

» A peine fus-je au lit, que j'ordonnai à mes servantes de porter dans la boutique de quoi boire et manger pour tout le monde, et je leur disais : — Hélas! hélas! demain je ne serai plus en vie. Eux cependant, essayant de me rendre mon courage, me répondaient que ce grand mal, étant venu par trop de fatigue, passerait par un peu de repos.

» Deux heures s'écoulèrent, pendant lesquelles je voulus lutter vainement contre le mal, et pendant lesquelles la fièvre au lieu de décroître alla toujours s'augmentant; et pendant ces deux heures, je ne cessais de répéter que je me sentais mourir. Pendant ce temps, ma servante en chef, celle qui gouvernait toute la maison, et qui se nommait Mona Fiore de Castel-Rio, la femme la plus vaillante et du meilleur cœur qui fût jamais, ne cessait de me crier que j'étais fou, que cela passerait; me soignant de son mieux, et tout en me consolant, elle ne pouvait enfermer dans son brave cœur la quantité de larmes qui l'étouffaient, et qui, malgré elle, lui sortaient par les yeux; si bien que, toutes les fois qu'elle croyait que je ne la voyais pas, elle pleurait à cœur joie. J'étais donc en proie à ces tribulations, lorsque je vois entrer dans ma chambre un petit homme tortu comme un S majuscule, qui, se tordant les bras, commença à me crier d'une voix aussi lamentable que celle des gens qui annoncent aux condamnés leur dernière heure : — O Benvenuto! pauvre Benvenuto! tout votre travail est perdu, et il n'y a plus de remède au monde!

» Aux paroles de ce malheureux qui me remuèrent jusqu'au fond des entrailles, je jetai un si terrible cri qu'on l'eût entendu du ciel; et bondissant de mon lit, je pris mes habits et commençai à me vêtir, distribuant à droite et à gauche, à mes servantes, à mes garçons et à tous ceux qui me tombaient sous la main, une grêle de coups de pied et de coups de poing', et tout cela en me lamentant, tout en criant : — Ah! les traîtres! ah! les envieux! C'est une trahison, non pas faite à moi seul, mais à l'art tout entier; mais, par le ciel, je jure que je connaîtrai celui qui me l'a faite, et qu'avant de mourir je prouverai qui je suis par une telle vengeance que le monde en sera épouvanté. Au milieu de tout ce trouble, j'achevai de m'habiller; et m'élançant vers ma boutique, où tous ces gens que j'avais laissés si joyeux et si pleins de courage étaient maintenant épouvantés et comme abrutis :

»—Écoutez, leur dis-je d'une voix terrible, écoutez; et puisque vous n'avez pas su m'obéir quand je n'y étais pas, obéissez-moi maintenant que me voilà pour présider à mon œuvre, et que pas un ne raisonne, attendu qu'à cette heure j'ai besoin d'aide et non de conseil. A ces mots, un certain maître Alexandre Lastricati voulut me répondre et me dit : — Vous voyez bien, Benvenuto, que vous voulez accomplir une entreprise qui est contre toutes les règles de l'art. Il avait à peine prononcé ces paroles que je m'étais retourné vers lui avec tant de fureur et d'un air qui indiquait si bien que les choses allaient mal tourner, que tous s'écrièrent d'une voix : — Or, sus, sus, commandez, et nous vous obéirons tous tant qu'il nous restera un souffle de vie. Je crois, Dieu me pardonne, qu'ils me dirent ces bonnes paroles, croyant, à ma pâleur, que j'allais tomber mort. Mais n'importe, je vis que je pouvais compter sur eux, et sans perdre de temps je courus à ma fournaise, et je vis que le métal s'était tout coagulé, et, comme on dit en termes de fonderie, avait fait un gâteau.

» J'ordonnai aussitôt à deux manœuvres de courir en face, dans la maison d'un boucher nommé Capretta, pour y prendre une pile de bois de jeunes chênes, secs depuis plus d'un an, et que sa femme Ginevra m'avait souvent offerte. A mesure qu'ils apportaient des brassées de fagots, je commençais à les jeter dans la fournaise; et, comme cette espèce de chêne fait un feu plus violent que toute autre sorte de bois (on se sert d'ordinaire de bois de peuplier ou de pin pour fondre l'artillerie, qui n'a pas besoin d'une si forte chaleur), il arriva que, lorsque le gâteau commença à sentir ce feu infernal, il se mit à fondre et à flamboyer. Aussitôt je fis préparer les canaux, j'envoyai quelques-uns de mes hommes veiller à ce que le toit endommagé par le feu ne nous jouât pas quelque mauvais tour, et comme j'avais fait tendre des toiles et des tapisseries devant l'ouverture du jardin, je me trouvais de ce côté garanti du vent et de l'eau. De sorte que, voyant que j'avais pourvu à tout et que tout allait bien, je criais de ma plus grosse voix : — Faites ceci, faites cela; allez-là, venez ici. Et toute cette brigade, voyant que le gâteau fondait, que c'était merveille, m'obéissait à qui mieux mieux, chacun faisant la besogne de trois. Alors je fis prendre un demi-pain d'étain qui pesait environ soixante livres, et je le jetai au beau milieu de la fournaise, en plein sur le gâteau, lequel, avec l'aide du bois qui le chauffait en dessous, et des instruments de fer avec lesquels nous l'attaquions en dessus, se trouva enfin liquéfié en peu d'instants.

» Or, ayant vu que, contre l'attente de tous ces ignorants, j'avais pour ainsi dire ressuscité un mort, je repris tant de force et de courage, qu'il me semblait n'avoir plus ni fièvre ni crainte de la mort. Tout à coup une détonation se fit entendre, un éclair pareil à une flèche de flamme passa devant nos yeux, et cela avec un tel bruit et un tel éclat, que chacun resta stupéfait, et moi-même peut-être plus stupéfait et plus épouvanté encore que les autres. Ce fracas passé et cette clarté éteinte, nous nous regardâmes les uns les autres dans le blanc des yeux, nous demandant ce que cela voulait dire, lorsque nous nous aperçûmes que le couvercle de la fournaise venait de se rompre et que le bronze débordait; j'ordonnai aussitôt qu'on ouvrit la bouche de mon moule, tandis qu'en même temps je faisais frapper sur les tampons du fourneau. Alors, voyant que le métal ne courait pas avec la rapidité qui lui est habituelle, j'attribuai sa lenteur à ce que le terrible feu auquel je l'avais forcé de fondre avait consumé tout l'alliage. Je fis aussitôt prendre tous mes plats, toutes mes écuelles et toutes mes assiettes d'étain, et, tandis que j'en poussais une partie dans mes canaux, je fis jeter le reste dans la fournaise, de manière que, voyant que grâce à cette adjonction le bronze était devenu parfaitement liquide et que mon moule s'emplissait, tous mes gaillards, pleins de courage et de joie, m'aidaient et m'obéissaient à qui mieux mieux; tandis que moi, tantôt ici, tantôt là, j'aidais de mon côté, commandant et disant tout en commandant : — O mon Dieu! Seigneur! toi qui par ta toute-puissance ressuscitas d'entre les morts et montas glorieusement dans le ciel. De manière qu'en un instant mon moule s'emplit, et que moi, le voyant plein, je tombai à genoux; et, après avoir remercié le Seigneur de toute mon âme, je me relevai; et, apercevant un plat de salade qui était sur un vieux banc, je me jetai dessus et le mangeai en compagnie de toute ma brigade, qui mangeait et buvait en même temps que moi; ensuite de quoi, car il était deux heures avant le jour, j'allai me mettre au lit, sain et sauf, où je me reposai aussi tranquillement que si je n'avais jamais eu la moindre indisposition.

» Pendant ce temps, ma bonne servante, sans me rien dire, s'était pourvue d'un gros chapon qu'elle avait fait cuire; de sorte que, lorsque je me levai, elle vint joyeusement au-devant de moi, disant : — Ah! le voilà donc, cet homme qui devait être mort ce matin! Je crois que cette volée de coups de pied et de coups de poing que vous nous avez donnée la nuit passée quand vous étiez dans votre grande colère, aura épouvanté la fièvre, qui se sera enfuie de peur d'en avoir sa part. C'est ainsi que toute ma pauvre maison, remise peu à peu de la terreur qu'elle avait eue et de la grande fatigue qu'elle s'était donnée, se tranquillisa en me voyant hors de danger et de crainte, et courut joyeusement chercher, pour remplacer la vaisselle d'étain que j'avais jetée à la fournaise, des plats de terre, dans lesquels je fis le meilleur dîner que j'eusse fait de ma vie.

» Après le dîner, tous ceux qui m'avaient aidé vinrent me voir à leur tour, se félicitant joyeusement les uns les autres, et remerciant Dieu de la manière dont les choses avaient tourné, disant que je leur avais fait voir une merveille que tous les autres maîtres eussent regardée comme impossible. Je mis alors la main à la poche, et je payai tout le monde.

» Lorsque j'eus pendant deux jours laissé refroidir le bronze dans le moule, je commençai à le découvrir peu à peu, et la première chose que je rencontrai fut la tête de la Méduse, qui, grâce aux soupiraux que j'avais établis pour donner passage à l'air, était venue parfaitement; aussitôt je continuai à découvrir le reste, et je trouvai l'autre tête, c'est-à-dire celle du Persée, qui, de son côté, était venue à merveille; ce qui me donna d'autant plus d'étonnement et de joie que, comme on le sait, elle est plus basse que l'autre; et, comme la bouche du moule était juste sur la tête de Persée, je trouvai que, cette tête finie, le bronze était épuisé; de sorte qu'il n'y en avait ni trop ni pas assez, mais la mesure juste et nécessaire. Alors je vis bien que c'était une chose véritablement miraculeuse, et dont je fus bien reconnaissant envers Dieu. J'allai donc de l'avant et continuai de découvrir ma statue ; et à mesure que je la découvrais, je trouvai chaque partie admirablement venue, jusqu'à ce qu'enfin j'arrivai au pied droit qui pose à terre, et je vis que ce talon était aussi complet que tout le reste ; circonstance qui me rendait à la fois joyeux et mécontent, car j'avais dit au duc qu'il était impossible que le bronze coulât jusqu'au bout du moule, de manière que je crus un instant que l'événement allait me démentir.

» Mais en continuant mon exhumation, je trouvai que, selon ma prévision, les doigts n'étaient pas venus et qu'il en manquait dans leur partie supérieure près de la moitié. Quelque fatigue que dût me donner en plus cet accident, j'en fus enchanté, car il devait prouver au duc si je savais ou non mon métier. Au reste, si le métal avait coulé plus avant que je croyais qu'il ne le pût faire, cela tenait tout simplement, d'abord, à ce que j'avais fait chauffer le bronze plus que d'habitude, et ensuite à cette quantité d'étain que j'y avais mêlé, chose dont les autres maîtres ne s'étaient jamais avisés. Or, voyant mon œuvre si bien venue, j'allai aussitôt trouver le duc à Pise, où lui et la duchesse me firent un accueil aussi aimable que possible; et quoique le majordome leur eût déjà appris l'événement dans tous ses détails, cela ne leur suffit point, et ils voulurent me l'entendre raconter de vive voix. J'obéis aussitôt; mais lorsque j'en fus venu aux pieds du Persée, et que j'annonçai à son excellence, qu'ainsi que je lui avais dit qu'il devait le faire, le métal n'avait point entièrement rempli le moule, le grand-duc fut émerveillé de ma prévision, et la redit à la grande-duchesse dans les propres termes dont je m'étais servi pour l'en prévenir lui-même. Voyant alors mes maîtres et seigneurs si bien disposés à mon égard, je priai le grand-duc de me donner congé d'aller à Rome; congé qu'il m'accorda gracieusement, mais en me recommandant toutefois de revenir au plus vite pour finir son Persée; de plus, il me donna des lettres pour son ambassadeur, qui était à cette époque Averard Serristori. »

Ce fut dans cette même maison que Benvenuto Cellini mourut le 13 de février 1571, et fut enterré à l'église de l'Annunziata, ainsi que le prouve la note suivante que j'extrais des archives de l'académie des Beaux-Arts.

« Ce 15 février 1571.

» *Funérailles faites à messire Benvenuto Cellini, sculpteur.*

» Aujourd'hui, jour sus-dénommé, fut enterré maître Benvenuto Cellini, sculpteur, et par son ordre l'inhumation fut faite dans notre chapitre de l'Annunziata avec une grande pompe funèbre, à laquelle concourut toute l'académie et toute la compagnie des Beaux-Arts. On se rendit à sa maison, on se rangea comme d'habitude, et lorsque tous les moines eurent défilé, quatre académiciens prirent le cercueil que l'on porta à l'Annunziata avec les mutations d'usage; là, les cérémonies du culte divin ayant été accomplies, un frère entra qui, la veille de l'enterrement, avait reçu la mission de faire l'oraison funèbre à la louange dudit maître Benvenuto, oraison qui fut fort goûtée de tous ceux qui avaient suivi le défunt, non-seulement pour lui rendre les derniers devoirs, mais encore dans l'espérance d'entendre faire son éloge. Et le tout fut fait avec grand appareil de cierges et de lumières, tant dans l'église que dans le chapitre. Je vais faire le compte des cierges que l'on donna à l'académie. D'abord, les consuls reçurent chacun un cierge d'une livre; les conseillers, les secrétaires et les camerlingues, chacun un cierge de huit onces; le provéditeur, un cierge d'une livre; enfin tous les autres, au nombre de cinquante, chacun un cierge de quatre onces. »

Qui croirait qu'après de si brillantes funérailles, si scrupuleusement enregistrées, la compagnie des Beaux-Arts a oublié une chose : c'est de mettre le nom de Benvenuto Cellini sur sa tombe! Ce qui fait que, grâce à cet oubli, nul, dans tout Florence, ne peut montrer du doigt la place où fut enterré l'auteur du Persée.

Maison d'Americ Vespuce.

La maison qu'habita Americ Vespuce fait partie du couvent des Hospitaliers de Saint-Jean-de-Dieu. Cette inscription, scellée sur sa façade, perpétue la mémoire de l'heureux rival de Colomb :

> Americo Vespuccio, patricio Florentino,
> Ob repertam Americam
> Sui et patriæ nominis illustratori,
> Amplificatori orbis terrarum.
> In hac olim Vespuccia domo
> A tanto domino habitata
> Patres Sancti Johannis à Deo cultores,
> Gratæ memoriæ caussa.
> P C
> A. S. cɔ ɔ ccxii.

Les anciens avaient deviné l'Amérique. Sénèque, dans sa *Médée*, prophétise sa découverte de la manière la plus claire et la plus précise :

> Venient annis
> Sæcula seris quibus Oceanus
> Vincula rerum laxet, et ingens
> Pateat Tellus, Tiphysque novos
> Deleget orbis, nec sit terris ultima Thule.
>
> (*Medea*, act. ii)

Dante en parle dans le Purgatoire :

> I' mi volsi à man destra e posi mente
> All' altro polo, e vidi quattro stelle
> Non viste mai fuor dalla prima gente
>
> Goder pareva il ciel di lor fiammelle
> O settentrional vedovo sito
> Poiche privato se' di mirar quelle.

Améric Vespuce naquit le 9 mars 1451; il étudia les lettres sous son oncle paternel Georges-Antonio Vespucci, qui, plus tard, se fit moine dominicain, et habita le couvent de Saint-Marc en même temps que Savonarole. A l'âge de seize ans il entra, selon l'usage florentin, et comme c'était particulièrement l'habitude dans sa famille qui s'était enrichie ainsi, dans le commerce maritime.

Améric Vespuce naviguait déjà depuis dix-sept ans, et il s'était fait une certaine réputation d'habileté et d'audace, surtout en Espagne, pays avec lequel ses relations commerciales le mettaient en rapport, lorsque la nouvelle parvint en Europe que, le 12 octobre 1492, le Génois Christophe Colomb avait trouvé un nouveau monde.

Cette nouvelle redoubla l'ardeur aventureuse d'Améric Vespuce; il alla trouver Ferdinand et Isabelle, les protecteurs de son devancier, et obtint d'eux un vaisseau.

Le 10 mai 1497, c'est-à-dire cinq ans après la découverte des îles de la Tortue et de Saint-Domingue, Améric Vespuce partit de Cadix pour les îles Fortunées, et, dirigeant sa proue vers l'occident, après trente-sept jours de traversée il découvrit une terre inconnue : c'était le grand continent auquel il devait donner son nom.

Ce fut une grande joie à Florence lorsqu'on apprit cette nouvelle; la république lui décréta les *lumières* (1) publiques pendant trois jours et trois nuits.

Améric fit, au service du roi Emmanuel de Portugal, trois autres voyages dans le Nouveau-Monde, dont, ainsi que du premier, il écrivit

---

(1) Les lumières étaient une récompense publique; la seigneurie décrétait les lumières, et, par ordre du gonfalonier, on illuminait, pour un temps plus ou moins long, les palais de ceux qui avaient mérité cette distinction.

la relation. Plusieurs copies de ces voyages furent envoyées par lui à Pierre Soderini, gonfalonier perpétuel de Florence, qui en fit faire de nouvelles copies et les répandit dans toute la Toscane; de là l'immense popularité d'Améric Vespuce, et le triomphe de son nom sur celui de Colomb.

Ce triomphe parut si injuste au conseil royal des Indes, qu'en 1508 il décréta que le nouveau continent s'appellerait Colombie; mais il était déjà trop tard, le nom d'Amérique avait prévalu.

Le dernier voyage du navigateur florentin eut lieu vers 1512; puis, ce voyage achevé, il revint à Lisbonne, où il mourut comblé de richesses et de gloire.

Colomb, déshérité de son sublime parrainage, avait passé une partie de sa vie en prison, et était mort dans la misère.

Maison de Galilée.

En suivant la côte de Saint-Georges, on rencontre une pauvre petite maison portant le n° 1600, qui, au premier aspect, ne diffère en rien des maisons du bas peuple de Florence; seulement, lorsqu'on lève les yeux sur elle, on lit au-dessus de sa porte l'inscription suivante :

> Qui ove abitò Galileo,
> Non sdegnò piegarsi alla potenza del genio
> La maestà di Ferdinando II de' Medici.

Ce qui veut dire : « Ici où habita Galilée, la majesté de Ferdinand II de Médicis ne dédaigna point de s'incliner devant la puissance du génie. »

En effet, c'est dans cette maison que mourut Galilée, l'année où naquit Isaac Newton; comme lui-même était né l'année où était mort Michel-Ange Buonarotti.

Galilée était de famille patricienne. Dix-huit de ses ancêtres s'étaient assis sur le siége des prieurs. Le premier qui avait exercé cette charge, en 1372, était Nicolas de Bernard.

Par une étrange prédestination héraldique, les armes des Galilée étaient d'or, à une échelle de gueules posée en pal; échelle de Jacob, à l'aide de laquelle l'illustre astronome devait escalader le ciel.

Galilée naquit à Pise. Son père voulait en faire un médecin; sa destinée l'emporta. Entre son Galien et son Hippocrate il cacha un Euclide, et, un jour qu'il se promenait dans ce magnifique Dôme de Pise, chef-d'œuvre de Buschetto, il remarqua le mouvement d'une lampe pendue à la voûte, calcula la durée de ses oscillations, et inventa le pendule.

Un autre jour, il entendit raconter qu'un Hollandais avait présenté au comte Maurice de Nassau un instrument qui rapprochait les objets. Aussitôt Galilée se met à la recherche de la même découverte, calcule la marche des rayons lumineux dans les verres sphériques de différentes formes, arrive au résultat dont il a entendu parler, et le lendemain présente au sénat de Venise, qui l'a nommé professeur à Padoue, un instrument qui n'est rien moins que le télescope.

Alors, comme Galilée grandit, l'envie se lève; on lui accorde le perfectionnement, mais on lui nie l'invention. — C'est bien, répond Galilée : je n'ai point inventé le télescope, mais je le tournerai vers le ciel.

Galilée fit ainsi qu'il disait, et vit alors ce que personne n'avait vu : il vit dans les profondeurs du ciel des myriades d'étoiles jusqu'alors inconnues : les nébuleuses, la Voie lactée, Jupiter et ses quatre satellites, Vénus et ses phases; la lune enfin, cette autre terre, avec ses lacs, ses vallées et ses montagnes. Saturne lui-même lui apparut quelquefois sous la forme d'un simple disque, quelquefois accompagné de deux petites planètes; mais l'instrument encore incomplet trahit son auteur, et c'est à un autre qu'est réservée la découverte de l'anneau mystérieux qui enveloppe la planète de son cercle de flamme.

Alors, les critiques de l'époque redoublèrent d'insultes : on nia que Galilée pût voir véritablement ce qu'il disait avoir vu ; on compara ses découvertes au voyage chimérique d'Astolphe, et un prédicateur prit pour texte de son sermon : *Viri Galilæi, quid statis aspicientes in cœlum?* Tous ceux qui avaient la vue courte applaudirent aux brocards de la critique et aux insultes du prédicateur, et il fut décidé que Galilée était un fou.

Enfin, un jour Galilée osa avancer, d'après Copernic, que c'était le soleil qui était immobile, et que la terre tournait autour de lui.

Cette fois, ce ne fut plus la critique qui le barbouilla d'encre, ce ne fut plus un prédicateur qui le larda de citations, ce furent les prêtres qui le déclarèrent hérétique. Galilée, conduit devant un tribunal, mis à la torture de la corde, fut forcé d'avouer que la terre était immobile, et que c'était le soleil qui tournait.

Ce fut le 22 juin 1632 que ce grand exemple de l'infaillibilité des jugements humains fut donné au monde. Galilée septuagénaire, mutilé par la torture, la corde au cou, un cierge à la main, fut traîné devant le tribunal. Là on le fit mettre à genoux, et on lui dicta cette abjuration, qu'il répéta textuellement :

« Moi Galilée, dans la soixante-dixième année de mon âge, étant constitué prisonnier et à genoux devant Vos Éminences, ayant devant les yeux les saints Évangiles que je touche de mes propres mains, j'abjure, je maudis et je déteste l'erreur et l'hérésie du mouvement de la terre. »

Puis, cette expiation achevée, on fit brûler ses livres par le bourreau; on le condamna à une prison indéfinie, et on lui ordonna, pour se raccommoder avec le ciel qu'il avait bouleversé, de réciter une fois par semaine les sept psaumes de la Pénitence.

Et pendant qu'on lui lisait ce jugement qu'il n'écoutait point, Galilée frappait du pied la terre et répétait tout bas : *E pur si muove!*

La captivité de Galilée dura quatorze mois. Alors il avait soixante-onze ans; on eut enfin pitié du vieillard repentant, et on lui permit d'aller mourir où bon lui semblerait, à la condition qu'il n'écrirait plus, qu'il ne professerait plus, qu'il ne penserait plus.

Galilée se retira à Florence.

Alors, après la persécution des hommes, vint l'épreuve du Seigneur. Comme si Dieu avait voulu le punir de sa témérité, il frappa d'aveuglement ce regard d'aigle qui avait découvert des taches dans le soleil.

Enfin, le 9 janvier 1642, dix ans après son abjuration, six ans après sa cécité, Galilée mourut d'une fièvre lente dans cette petite maison de la Costa, devenue aujourd'hui un pèlerinage, comme Ravenne et comme Arqua

Il est vrai que, quelque vingt années après sa mort, on fit à Galilée une espèce de tombeau qui a la prétention d'être un monument, et que nous retrouverons dans l'église de Santa-Croce.

Moyennant quoi la postérité s'est regardée comme parfaitement quitte envers lui.

Maison de Machiavel.

Dans la via di Guicciardini, sous le n° 454, s'élève une petite maison à trois étages, de modeste et simple apparence, devant laquelle l'étranger passerait sans s'arrêter, si son attention n'était pas éveillée tout à coup par ces paroles :

« Casa ove visse Niccolo Machiavelli, e vi mori il 22 giugno 1527, d'anni 58 mesi 8 e giorni 19. »

» Maison dans laquelle vécut Niccolo Machiavel, et où il mourut le 22 juin 1527, âgé de 58 ans 8 mois 19 jours. »

La famille de Machiavel était des plus nobles et des plus anciennes; son origine remonte jusqu'à l'année 850, aux antiques marquis de Toscane. Les Machiavel avaient été seigneurs de Montespertoli; mais, préférant sans doute à leur petite principauté la qualité de citoyens de Florence, ils se soumirent de bon gré aux lois d'une république qui devait écrire plus tard dans ses statuts qu'on pourrait être déclaré noble pour crime de viol, de brigandage, d'empoisonnement, d'inceste et de parricide.

Exilés comme guelfes après la bataille de Montaperti, ainsi que les parents de Dante, ils rentrèrent dans leur patrie le 11 novem-1266, après la victoire de Cepparano, remportée par Charles d'Anjou sur Manfred. A dater de cette époque sa réhabilitation fut complète, et on compte parmi les ancêtres de Machiavel seize gonfaloniers de justice et cinquante-trois prieurs.

Niccolo naquit à Florence le 3 mai 1469, de Bernard Machiavello, trésorier de la marche d'Ancône, et de Bartolommea Nelli, des comtes de Borgo-Nuevo. Il perdit son père à seize ans; mais sa mère, en redoublant pour lui d'affection et de dévouement, l'entoura de soins si tendres et si éclairés, qu'elle ne tarda pas à en recueillir les fruits. Placé vers 1494 auprès de Marcello-Virginio Adriani, Niccolo montra de bonne heure les premiers éclairs de ce génie qui devait embrasser toutes les branches du savoir humain. Poète, philosophe, critique, historien, publiciste, diplomate, orateur, aucun titre ne manqua à sa gloire, aucune auréole à son front. A vingt-neuf ans, il fut nommé, sur quatre concurrents, chancelier de la seigneurie, et un mois après il fut chargé de servir le conseil des Dix en qualité de secrétaire.

Dans l'espace de quatorze ans, il fut envoyé comme ambassadeur deux fois à la cour de Rome, deux fois auprès de l'empereur, quatre fois à la cour de France. Chargé des missions les plus délicates auprès de César Borgia, du prince de Piombino, de la comtesse de Forli, du marquis de Mantoue, des républiques de Sienne et de Venise, il conclut des traités, déjoua des complots, leva des armées. Sa réputation grandit promptement en Italie et parvint à l'étranger. On n'osa plus décider une affaire de quelque importance sans le consulter, et le secrétaire florentin fut bientôt proclamé et redouté comme le plus grand politique de son temps.

Mais si son élévation avait été éclatante et rapide, jamais chute ne fut plus brusque et plus profonde. En 1512, les Médicis, étant rentrés à Forence, pour assurer leur domination chancelante, durent faire main basse sur tout ce qu'il y avait de noble et de grand dans la république. Machiavel ne pouvait pas échapper à la persécution générale. Accusé d'avoir conspiré contre le cardinal Jean de Médicis, qui fut depuis Léon X, il fut privé de sa charge, et expia par la prison et par la torture tous les services qu'il avait rendus à sa patrie.

Malgré les tourments les plus atroces il n'avoua rien, car il n'avait rien à avouer. Pour se faire une idée de ce qu'il eut à souffrir de la cruauté de ses ennemis, il faut savoir ce que c'étaient que les *Stinche,* où il fut jeté. Les *Stinche* n'étaient pas une prison, c'était un groupe de prisons dont chacune avait son nom, sa forme, sa destination; c'était une enceinte sombre et terrible, comme l'enfer dantesque, où tous les crimes, toutes les flétrissures, tous les supplices étaient réunis; où l'on entassait pêle-mêle les fous, les prostituées, les faillis, car la république marchande ne trouvait pas de peine assez sévère pour punir les débiteurs insolvables; si bien que lorsque le bourreau manquait c'était là qu'on venait le prendre. Ce fut donc parmi ces malheureux sans raison, parmi ces femmes sans honte, parmi ces hommes sans honneur qu'on enferma le secrétaire de Florence. Les cachots de son horrible prison étaient bâtis ou plutôt creusés sur le modèle des *Zilie* de Padoue et des *Fours* de Monza; c'étaient des trous circulaires où le patient ne pouvait se tenir assis, ni couché, ni debout. Cet affreux édifice, souillé par le sang de tant de victimes, a disparu par ordre du grand-duc actuel; et, en démolissant les murs de l'ancienne forteresse, on trouva, dans les cours qui séparaient une prison de l'autre, des puits d'une immense profondeur comblés jusqu'au bord d'ossements humains. Aujourd'hui il ne reste plus de ce monument maudit qu'un triste et sanglant souvenir, et deux sonnets de Machiavel dictés dans le style comique et plaisant de Burchiello et de Berni.

Ah! croyez-moi, c'est une horrible chose que de voir cet homme de génie, ce niveleur de tyrans, ce grand et austère citoyen subissant la torture le sourire aux lèvres, et ne voulant pas faire à ses bourreaux l'honneur de les prendre au sérieux.

Voici à peu près le sens des deux sonnets :

« J'ai des fers aux pieds; j'ai les épaules meurtries par six rouleaux de cordes; je ne parle pas de mes autres malheurs, car c'est ainsi qu'on traite ordinairement les poètes.

» Les murs de ma geôle suent l'eau et la vermine; il y a des insectes si gros et si bien nourris qu'on les prendrait pour des papillons; il s'en exhale une telle puanteur que les égouts de Roncivalle et les bois de la Sardaigne ne sont que parfums, comparés à mon noble hôtel.

» C'est un bruit tel qu'on dirait que la foudre gronde au ciel et que l'Etna mugit sur la terre. On n'entend que des verrous qu'on tire, des clefs qui grincent dans leur serrure, des chaînes qu'on rive.

» Puis c'est un cri de torturé qui se plaint qu'on le hisse trop haut.

» Ce qui m'ennuie davantage, c'est que, l'autre jour, m'étant endormi sur l'aurore, j'ai été réveillé par un chant lugubre, et j'ai entendu dire : *On prie pour vous.*

» Or, que le diable les emporte, pourvu que votre pitié se tourne envers moi, ô bon père! et qu'elle brise ces indignes liens. »

Dans le second sonnet il est question d'un certain *Dazzo*. Etait-ce un fou, était-ce un malfaiteur?

« Cette nuit, comme je priais les Muses de visiter avec leur douce lyre et leurs doux vers votre magnificence, pour m'obtenir quelques soulagements et pour vous faire mes excuses.

» L'une d'elles m'apparut et me fit rougir par ces mots: Qui es-tu donc, toi qui oses m'appeler ainsi ? — Je lui dis mon nom ; mais elle, pour me punir, me frappa au visage et me ferma la bouche.

» — Tu n'es pas Nicolo, ajouta-t-elle, tu es le *Dazzo*, puisque tu as les jambes et les pieds liés et que tu es enchaîné comme un fou.

» Moi je voulais lui conter mes raisons, mais elle reprit aussitôt : — Va-t'en, mauvais plaisant ; va-t'en, avec ta sotte comédie.

» O magnifique Julien ! j'en appelle à votre témoignage ; prouvez-lui, par Dieu ! que je ne suis pas le *Dazzo*, mais que c'est bien moi. »

Machiavel a voulu ici faire allusion à ses comédies. Il se trouve en effet que le plus grand politique de l'Italie a été en même temps le plus grand écrivain comique de son siècle.

Les autres ouvrages les plus répandus de Machiavel sont l'*Histoire de Florence*, le *Traité sur l'art de la guerre*, les *Discours sur Tite-Live* et *le Prince*. Doué d'un génie profond, d'un coup d'œil juste et pénétrant, le secrétaire de Florence a vu de haut les hommes et les choses ; il n'a pas craint d'enfoncer le scalpel de l'analyse dans les veines les plus imperceptibles, dans les fibres les plus délicates du cœur humain. Né dans un siècle de corruption, de perfidie et de violence, il a étudié froidement le vice et le crime ; il a évoqué les grandes figures de l'antiquité pour les faire poser devant une génération molle et dégradée. Il a traité théoriquement, et avec la plus grande précision de détails, les différentes formes de gouvernement, sans se passionner pour aucune d'elles.

Il a dit aux peuples : Voici comment on fonde une république, voici les causes de sa grandeur et de sa décadence. Il a dit aux princes : Voilà la seule manière possible de régner aujourd'hui. C'est affreux, mais c'est véritable : il faut qu'un prince n'ait jamais tort devant ses sujets ; il faut repousser la force par la force, la ruse par la ruse, le mensonge par le mensonge. Vous voulez le sceptre et la pourpre ? prenez-les ; mais ne vous y trompez pas du moins : le sceptre, c'est du fer ; la pourpre, c'est du sang.

Machiavel avait hérité de Dante la grande idée de l'unité italienne. L'obstacle le plus sérieux à la réunion de l'Italie venait de Rome. Pour que le rêve de Dante et de Machiavel, le rêve de tous les grands hommes de l'Italie, pût se réaliser, il fallait que les deux puissances, spirituelle et temporelle, consentissent à marcher vers le même but ; il fallait trouver un prince assez puissant pour se mettre à la tête d'une armée nationale, et un pape assez lié d'intérêts ou d'amitié avec ce prince pour seconder son projet. Deux fois dans sa vie Machiavel crut avoir trouvé le prince et le pape dont il avait besoin dans la même famille : Alexandre VI et son fils César Borgia, Léon X et son neveu Laurent de Médicis, réunissaient toutes les conditions nécessaires pour s'emparer de l'Italie et assurer son indépendance. Aussi a-t-on vu le secrétaire de la république proposer Borgia pour modèle à Laurent, et conjurer ce dernier par une sublime apostrophe de délivrer la patrie des étrangers.

« L'occasion qui se présente est trop belle pour la laisser échapper, et il est temps que l'Italie voie briser ses chaînes. Avec quelles démonstrations de joie et de reconnaissance ne recevraient-elles pas leur libérateur, ces malheureuses provinces qui gémissent depuis si long-temps sous le joug d'une domination odieuse! Quelle ville lui fermerait ses portes, et quel peuple serait assez aveugle pour refuser de lui obéir? Quels rivaux aurait-il à craindre? Est-il un seul Italien qui ne s'empressât de lui rendre hommage? Tous sont las de la domination de ces barbares. »

Qui ne voit pas clairement dans ces paroles la pensée qui les inspire? Que l'Italie soit d'abord une nation unie et puissante, que l'étranger soit balayé de notre terre, que le sol que nous foulons nous appartienne d'abord; et lorsque le jour sera venu, lorsque l'arbre que nous arrosons de notre sang et de nos larmes aura poussé de profondes racines, le moindre vent suffira pour secouer ses branches, et le tyran, quel qu'il soit, tombera comme un fruit mûr, et l'Italie sera libre!

Les dernières années de Machiavel s'écoulèrent dans la solitude et dans le chagrin. Retiré dans le village de San-Casciano, il s'entretenait une grande partie de la journée avec des bûcherons, ou jouait au trictrac avec son hôte. Enfin, le 22 juin 1527, il s'éteignit tristement, et l'indépendance italienne expira avec lui.

Maison de Michel-Ange.

Un jour, c'était vers l'an 1490, un homme et un enfant se trouvaient en même temps dans les jardins de Saint-Marc, où Florence commençait à réunir ces chefs-d'œuvre de la statuaire antique qui font aujourd'hui de la galerie des Offices la rivale de la galerie Vaticane, et de son musée le second musée du monde.

L'homme pouvait avoir quarante ou quarante-deux ans; il était laid, petit et assez mal fait; cependant, malgré sa laideur, sa physionomie ne manquait pas d'un certain charme, et lorsque cette physionomie s'éclairait d'un sourire fin et bienveillant qui lui était habituel, on oubliait presque aussitôt l'impression désagréable qu'elle avait produite à la première vue. Il était vêtu d'une longue simarre de velours violet garnie de fourrure, mais très-simple du reste, serrée à la taille comme une robe de chambre par un cordon de soie; il avait sur la tête une espèce de toque pareille à nos casquettes de jockey, aux pieds des souliers semblables à nos pantoufles, et, contre l'habitude de l'époque, on cherchait en vain à sa ceinture ou un poignard ou une épée.

Cet homme s'arrêtait de temps en temps devant les statues, qu'il regardait avec un amour d'artiste, et dont il paraissait parfaitement comprendre l'idéale beauté.

L'enfant pouvait avoir treize à quatorze ans; c'était une puissante nature et qui promettait de se développer largement. Il était vêtu d'un pourpoint grisâtre montrant fort sa corde, et taché de couleurs en différents endroits; l'enfant tenait à la main une tête de faune qu'il polissait avec un ciseau.

L'homme et l'enfant se rencontrèrent.

— Que fais-tu là? demanda l'homme avec un sourire plein d'intérêt, après avoir regardé un instant en silence l'enfant tellement préoccupé de son œuvre qu'il ne s'était pas même aperçu que quelqu'un s'approchait de lui.

L'enfant leva la tête, regarda l'homme d'un regard fixe, comme s'il eût voulu s'assurer si celui qui lui adressait la parole avait le droit de l'interroger; puis se remettant à la besogne :

— Vous le voyez, répondit-il, je sculpte.

— Et quel est ton maître? demanda l'homme.

— Dominique Guirlandajo, reprit l'enfant.

— Mais Dominique Guirlandajo est peintre et non pas sculpteur.

— Aussi je ne suis pas sculpteur, je suis peintre.

— Et pourquoi sculptes-tu, alors?

— Pour Mamurco.

— Et qui t'a donné des ciseaux?

— Granacci.

— Et ce marbre?

— Des tailleurs de pierre.

— Et tu as copié?

— La tête du faune.

— Mais le bas de la figure manquait?

— Je l'ai remplacé.

— Voyons?

— Tenez.

— Comment t'appelles-tu? demanda l'homme.

— Michel-Ange Buonarotti, répondit l'enfant.

L'homme regarda la tête, la tourna et la retourna en tout sens; puis, avec un sourire de bienveillante critique, la remettant à son jeune auteur :

— Monsieur le sculpteur, lui dit-il, voulez-vous permettre que je vous fasse une observation?

— Laquelle?

— Vous avez voulu faire ce faune vieux?

— Sans doute.

— Eh bien! dans ce cas il ne fallait pas lui laisser toutes ses dents; à l'âge qu'il a, il en manque toujours quelques-unes.

— Vous avez raison.

— Vraiment?

— Vous êtes donc sculpteur?

— Non.

— Vous êtes donc peintre alors?

— Non.

— Vous êtes donc architecte au moins?

— Non.

— Qu'êtes-vous donc, en ce cas ?

— Je suis artiste.

— Et l'on vous appelle ?

— Laurent de Médicis.

Et Laurent de Médicis, voyant passer dans une allée Politien et Pic de la Mirandole, alla les rejoindre, et laissa l'enfant réfléchissant à l'avis qu'il venait de recevoir, et surtout à celui qui le lui avait donné.

Le lendemain, il porta cette tête complétement achevée à Laurent de Médicis. L'observation avait porté son fruit, une dent manquait.

C'est cette même tête de faune qui est à la galerie de Florence.

Laurent devina l'homme dans l'enfant, le fit sortir de l'atelier de Guirlandajo, où il était engagé pour trois ans, lui donna une chambre dans son palais, l'admit à sa table, et le traita comme s'il eût été son propre fils.

Cet événement décida de la vocation de Michel-Ange. Dès lors il abandonna à peu près la peinture pour la sculpture; et cependant il avait déjà en peinture deux étranges succès pour un enfant de son âge.

Un jour son ami Granacci, le même qui lui avait procuré des ciseaux, lui avait fait cadeau d'une estampe de Martin de Hollande; elle représentait des diables qui, pour induire saint Antoine au péché, l'assommaient de coups de bâton. Michel-Ange eut alors l'idée de faire un tableau de cette estampe, et d'entourer le saint de démons ayant la forme de quadrupèdes ou de poissons; mais il ne voulut ébaucher aucun de ces monstres sans avoir primitivement étudié dans la nature les différentes parties dont leur corps se composait. En conséquence, il allait tous les jours aux ménageries ou au marché, dessinant d'après nature les animaux dont il voulait donner la ressemblance à ses diables, et ne commençant rien de l'œuvre définitive que sur des esquisses parfaitement étudiées.

Le tableau fini, l'enfant le porta chez Guirlandajo, qui fut étonné de cette admirable reproduction de la nature et qui demanda à son élève comment il en était arrivé là. Celui-ci lui montra toutes ses études, lui apporta toutes ses esquisses; Guirlandajo les regarda les unes après les autres, puis, secouant la tête avec un mouvement où perçait quelque peu d'envie :

— Ce jeune homme, murmura-t-il en se retirant, sera un jour notre maître à tous.

Un autre jour, un peintre donne à Michel-Ange une tête à copier; c'était une tête d'un des maîtres du siècle passé, on ne sait lequel, mais d'un maître enfin. L'enfant se met à l'œuvre, et rend au peintre, au lieu de l'original, la copie qu'il a eu le soin de noircir à la fumée. Le peintre ne voit aucune différence, et demande alors à voir la copie.

Michel-Ange éclate de rire; en croyant faire un tour d'écolier, il avait fait un tour de maître.

Mais, comme nous l'avons dit, le jeune Michel-Ange est tout à la sculpture. Sur le conseil de Politien, il fait le Combat des Centaures, dont la vue, soixante-dix ans plus tard, devait lui faire regretter tout le temps qu'il avait perdu à la peinture; il sculpte le grand crucifix de bois de San-Spirito; il achève l'autel de Saint-Dominique, commencé par Jean de Pise; il fait un Amour endormi, qu'il envoie à Rome et vend pour antique; il exécute pour Giacomo Galli le Bacchus qui est à cette heure à la galerie de Florence; puis, enfin, compose et taille, pour le cardinal de Saint-Denis, le fameux groupe de la Piété qui se trouve aujourd'hui dans la première chapelle à droite en entrant à Saint-Pierre.

Ici s'arrête la première période de sa vie d'artiste.

Pendant les dix ans qui viennent de s'écouler, Laurent-le-Magnifique est mort; Pierre de Médicis, son fils, a été chassé; les Français ont conquis Naples; César Borgia s'est emparé de la Romagne, et Savonarole a été brûlé.

Michel-Ange a essayé du doux, du gracieux et du tendre. Il va passer au terrible.

La première œuvre de cette nouvelle période est le David de la place du Palais-Vieux : il la tire, comme nous l'avons dit, d'un bloc de marbre oublié depuis long-temps, ébauché par un autre, auquel personne ne songeait, qu'il relève, qu'il taille, qu'il anime; la statue n'est pas un chef-d'œuvre, mais le tour de force n'en est pas moins grand.

Après le David, vient un bas-relief en bronze qu'il exécute pour des marchands flamands, et qui arrive à bon port à Anvers; le groupe de David et Goliath, qu'on envoie en France et qui se perd dans le voyage; enfin, le fameux carton de la guerre de Pise, qui, volé par Baccio Bandinelli, s'éparpille en morceaux par toute l'Italie, et disparaît sans qu'il en reste aujourd'hui autre chose que la gravure d'un de ses fragments, exécutée par Marc-Antoine.

C'est alors que Jules II le fait venir à Rome

et lui commande son tombeau. Michel-Ange en fait aussitôt le plan : ce sera un parallélogramme de trente pieds de long sur huit de large, et ses quatre faces offriront quarante statues, sans compter les bas-reliefs.

Jules II lui ouvre son trésor, lui donne un vaisseau, lui livre Carrare. Trois mois après, la place Saint-Pierre est encombrée d'une montagne de marbre. Toutes les églises de Rome seront petites pour un pareil tombeau; ni Saint-Paul, ni Saint-Jean-de-Latran, ni Sainte-Marie-Majeure ne pourront le contenir. On reprend les travaux de Saint-Pierre, dont Michel-Ange reçoit la direction; d'une main le géant soutient la coupole, de l'autre il taille Moïse.

C'est alors que cette gloire gigantesque commence à inquiéter Bramante, l'oncle de Raphaël, familier avec Jules II, comme l'étaient alors les artistes de premier ordre; il lui insinue que faire faire son tombeau porte malheur, et que, le tombeau fini, Dieu, pour le punir de son grand orgueil, pourrait bien .

lui ordonner de s'y coucher. La figure du pape s'assombrit. Le tombeau de Jules II ne sera jamais achevé.

Le pape avait ordonné à Michel-Ange de ne s'adresser qu'à lui lorsqu'il aurait besoin d'argent. Un jour qu'un nouveau chargement de marbres vient de débarquer sur la rive gauche du Tibre, Michel-Ange monte au Vatican pour réclamer le salaire de ses mariniers. Pour la première fois depuis qu'il est à Rome, on lui dit que Sa Sainteté n'est pas visible. L'ordre pouvait être général, Michel-Ange n'insiste pas.

Quelques jours après, Michel-Ange se présente de nouveau au palais : même réponse de la part de l'huissier. Un cardinal qui en sortait, et qui connaissait les priviléges du grand sculpteur, s'étonne et demande à l'homme à la chaine s'il ne connait pas Michel-Ange :

— C'est justement parce que je le connais,

répond l'huissier, que je ne le laisse point passer.

— Comment cela? s'écrie Michel-Ange étonné.

L'huissier ne répond pas. Mais sur ces entrefaites Bramante se présente et est introduit.

— C'est bien, dit Michel-Ange; vous direz au pape que si désormais il désire me voir il m'enverra chercher.

Michel-Ange revient chez lui, vend ses meubles, prend un cheval de poste, court sans s'arrêter, et arrive au bout de douze heures à Poggibonzi, village situé hors des frontières pontificales.

Jules II a appris sa fuite. C'est alors qu'il comprend l'homme qu'il perd. Cinq courriers sont expédiés de demi-heure en demi-heure sur les traces du fugitif, avec ordre de ramener Michel-Ange mort ou vif. Ces cinq courriers rejoignent celui qu'ils poursuivent à Poggibonzi; mais Poggibonzi est toscan; le pouvoir pontifical expire à Radicofani; Michel-Ange tire son épée, et les cinq courriers reviennent à Rome annoncer qu'ils n'ont pu rejoindre Michel-Ange.

Alors Jules II en fait une affaire de puissance à puissance : Florence rendra Michel-Ange à Rome, ou Rome fera la guerre à Florence. Jules II était un de ces pontifes qui dominent à la fois par l'épée et par la parole. Le gonfalonier Soderini fait venir Michel-Ange.

— Tu t'es conduit avec le pape, lui dit-il, comme ne l'aurait pas fait un roi de France. Nous ne voulons pas entreprendre une guerre pour toi : ainsi prépare-toi à partir.

— C'est bien, répond Michel-Ange. Soliman m'attend pour jeter un pont sur la Corne-d'Or, et je pars, mais pour Constantinople.

Michel-Ange revient chez lui; mais à peine y est-il que Soderini arrive. Le gonfalonier supplie l'artiste de ne pas brouiller la république avec Jules II. Si l'artiste craint quelque chose pour sa liberté ou pour sa vie, la république lui donnera le titre d'ambassadeur.

Enfin Michel-Ange pardonne et va rejoindre Jules II à Bologne qu'il vient de prendre.

— Je te charge de faire mon portrait, lui dit Jules II en l'apercevant; il s'agit de couler en bronze une statue colossale qui sera placée sur le portail de Sainte-Pétrone. Voilà mille ducats pour les premiers frais.

— Dans quel acte votre sainteté veut-elle être représentée? demanda Michel-Ange.

— Donnant la bénédiction, dit le pape.

— Bien, voilà pour la main droite, dit Michel-Ange; mais que mettrons-nous dans la main gauche? Un livre?

— Un livre! un livre! s'écria Jules II, est-ce que je m'entends aux lettres, moi? Non, pas un livre, morbleu! une épée.

Seize mois après, la statue était sur son piédestal. Jules II vint la voir.

— Dis donc, demanda-t-il en indiquant à l'artiste le mouvement du bras droit, qui était un peu trop prononcé, donne-t-elle la bénédiction ou la malédiction, ta statue?

— Toutes deux, répondit Michel-Ange; elle pardonne le passé, elle menace l'avenir.

— Bravo! dit Jules II; j'aime qu'on me comprenne.

Malgré la menace de la statue, elle fut renversée dans une émeute et mise en morceaux; la tête seule pesait six cents livres, et elle avait coûté 5,000 ducats d'or.

Alphonse de Ferrare en acheta les débris, et en fit fondre une pièce de canon qu'il appela la Julia.

Jules II ramena Michel-Ange à Rome; il lui promettait des travaux immenses; Michel-Ange crut qu'il s'agissait de finir le tombeau et le suivit.

En son absence, Bramante avait fait venir Raphaël.

Un jour Jules II appela Michel-Ange, qui depuis deux mois attendait ses ordres; Michel-Ange accourut.

— Viens, lui dit le pape.

Il le conduisit à la chapelle Sixtine.

— Il faut me couvrir cette chapelle de peintures; voilà les travaux que je t'avais promis.

— Mais, s'écria Michel-Ange, je ne suis pas peintre, je suis sculpteur.

— Un homme comme toi est tout ce qu'il veut être, dit Jules II.

— Mais c'est l'affaire de Raphaël et non la mienne. Donnez-lui cette chambre à peindre, et donnez-moi une montagne à tailler.

— Tu feras ceci ou tu ne feras rien, dit Jules II avec sa brusquerie ordinaire.

Et il se retira, laissant Michel-Ange anéanti.

La partie était bien engagée par ses ennemis, et Michel-Ange reconnut l'adresse de Bramante. Ou Michel-Ange acceptait, ou Michel-Ange refusait : s'il refusait, il s'aliénait à tout jamais le pape; s'il acceptait, il luttait dans un art qui n'était pas le sien avec le roi de cet art, avec Raphaël.

Mais Michel-Ange était un lutteur. Il lui fallait l'infini à combattre, l'impossible à vaincre.

— C'est bien, dit-il; je ne cherchais pas Raphaël; mais, puisqu'il s'attaque à moi, je l'écraserai comme un enfant.

Il alla trouver Jules II.

— Je suis prêt, dit-il.

— Que me peindras-tu? demanda le pape.

— Je n'en sais rien encore, répondit Michel-Ange.

— Et quand commenceras-tu ?

— Demain.

— As-tu quelquefois peint à fresque ?

— Jamais.

Dix-huit mois après la voûte était achevée.

Vingt fois pendant le travail l'impatient Jules II était monté sur l'échafaud de l'artiste, et chaque fois il était redescendu plus émerveillé.

La voûte fut découverte, et Rome entière s'inclina devant la terrible merveille.

Le jour de la Toussaint 1511, le pape dit la messe sous cette admirable voûte.

Quant à Michel-Ange, pendant ces dix-huit mois ses yeux s'étaient tellement habitués à regarder au-dessus de sa tête, qu'il ne distinguait plus rien en les ramenant vers la terre.

Un jour il reçut une lettre et ne put la lire qu'en la tenant élevée : il crut qu'il allait devenir aveugle.

Jules II mourut, laissant à deux cardinaux le soin de faire élever son tombeau. Michel-Ange se brouilla avec Léon X et revint à Florence. Pendant neuf ans il ne toucha ni un ciseau ni une palette : le peintre-sculpteur s'était fait poète.

C'est de cette époque que datent les deux ou trois volumes de vers que fit Michel-Ange.

Sur ces entrefaites Léon X mourut empoisonné. Adrien IV lui succéda. Il n'y avait rien à faire avec un pareil pape, qui avait ordonné de briser l'Apollon du Belvédère, qu'il prenait pour une idole.

Les Romains étaient trop artistes pour garder un pareil pape : au bout d'un an il fut un peu empoisonné, et il en mourut tout à fait.

Clément VII lui succéda.

La race des Médicis se résumait dans trois bâtards : Alexandre, Hippolyte et Clément VII.

Florence profita de l'élection de Clément VII pour se révolter et pour changer la forme du gouvernement : le gonfalonier proposa, pour mettre un terme aux ambitions humaines, de nommer Jésus-Christ roi. On recourut au scrutin, et Jésus-Christ fut élu, après une vive opposition, à une majorité de cinquante voix.

Il avait eu vingt votes contraires.

Par une contradiction étrange, Clément VII ne voulut pas reconnaître cette élection ; le pape résolut de détrôner le Christ, et rassembla tous les Allemands hérétiques qu'il put trouver, en fit une armée, et poussa cette armée contre Florence.

Michel-Ange fut chargé de fortifier sa ville natale.

Il courut à Ferrare pour étudier le système de muraille de la ville et pour causer tactique avec le duc Alphonse, un des premiers tacticiens de l'époque; mais au moment où l'artiste allait quitter le prince, le prince déclara à l'artiste qu'il était son prisonnier.

— Mais je puis me racheter, dit Michel-Ange.

— Sans doute.

— Ma rançon?

— Une statue ou un tableau, à votre choix.

— Des pinceaux et une toile, dit Michel-Ange.

Et il fit le tableau des Amours de Léda.

Au bout de onze mois de siége Florence fut prise: quelques jours avant la capitulation, Michel-Ange, comprenant qu'il n'y aurait pas de salut pour l'homme dont le génie avait lutté si long-temps contre la force, se fit ouvrir une porte, et partit pour Venise avec quelques amis et 12,000 florins d'or.

Alexandre VI fut nommé duc. Il était artiste, comme à peu près tous les tyrans de cette heureuse époque ; il réclama Michel-Ange à la république de Venise, qui le lui rendit. Il commanda à Michel-Ange les statues de la chapelle Saint-Laurent ; Michel-Ange les exécuta.

Puis un jour on entendit dire que le duc Alexandre avait été assassiné dans un rendez-vous d'amour par son cousin Lorenzino. Michel-Ange tressaillit de joie ; il croyait Florence devenue libre.

Côme Ier hérita d'Alexandre VI : c'était à peu près comme si Tibère eût hérité de Caligula.

Pendant ce temps Clément VII était mort et Paul III était monté sur le trône.

Huit jours après son exaltation le nouveau pape envoya chercher Michel-Ange.

—Buonarotti, lui dit-il, je veux tout ton

temps ; combien l'estimes-tu ? parle, je te le payerai.

— Mon temps n'est pas à moi, répondit Michel-Ange. J'ai signé avec le duc d'Urbin un traité par lequel je m'engage à terminer avant toute chose le tombeau de Jules II, il faut que je l'exécute.

— Comment! s'écria Paul III, il y a vingt ans que je désire être pape rien que pour te faire travailler pour moi seul, et maintenant que je le suis tu travaillerais pour un autre ? Non pas. Où est le contrat, que je le déchire ?

— Déchirez, dit Michel-Ange, mais je préviens Votre Sainteté que je me retire à Gênes. Je ne veux pas mourir insolvable envers le cadavre du seul pape qui m'ait aimé.

— Eh bien, dit Paul III, je prends sur moi d'obtenir que le duc d'Urbin se contente de trois statues, et je te ferai délivrer de ta promesse par lui-même.

Michel-Ange se faisait vieux, et en se faisant vieux devenait prudent. Il connaissait la colère des papes pour l'avoir éprouvée; il consentit à tout ce que voulut Paul III.

Le lendemain du jour où il avait donné son consentement, le pape fit, accompagné de dix cardinaux, une visite à l'artiste. Il se fit montrer les statues du tombeau de Jules II : une était achevée, c'était le Moïse; deux autres étaient ébauchées seulement.

Puis il voulut voir le carton du Jugement dernier.

Un mois après l'échafaud de l'artiste était de nouveau dressé dans la chapelle Sixtine.

Michel-Ange fut six ans à peindre le Jugegement dernier. C'est à lui que s'arrête la seconde période de la vie de Michel-Ange; période qui embrasse près d'un demi-siècle. C'est l'âge viril de son talent, c'est l'intervalle dans lequel il a fait ses plus belles statues, ses plus beaux vers, ses plus belles peintures. Il lui reste à conquérir sa place d'architecte.

Pendant cette période, presque tout ce qu'il a vu de grand est tombé autour de lui ; l'Italie marche à sa décadence.

Jules II est mort en 1513, Bramante en 1514, Raphaël en 1520, Léon X en 1521, Clément VII en 1534 ; enfin Antoine de San-Gallo vient de mourir en 1540. Michel-Ange, comme une ruine d'un autre siècle, est seul maintenant debout au milieu des tombeaux de ses ennemis, de ses protecteurs et de ses rivaux ; il est vainqueur des hommes et du temps ; mais sa victoire est triste comme une défaite : en perdant ses rivaux, le géant a perdu ses juges.

On trouva un jour Michel-Ange tout en larmes : on lui demanda ce qu'il pleurait.

— Je pleure, répondit-il, Bramante et Raphaël.

Saint-Pierre était abandonné ; nul n'osait élever la coupole, Michel-Ange lui-même hésitait. Paul III vint trouver Michel-Ange et le supplia au nom du ciel d'imposer à la terre ce fardeau qu'elle refusait de porter.

En quinze jours il fit un nouveau modèle de Saint-Pierre. Ce modèle coûta 25 écus.

Il avait fallu quatre ans à San-Gallo pour faire le sien, et il avait coûté près de 30,000 livres.

A la vue du modèle de Michel-Ange Paul III fit un décret qui conférait à l'artiste un pouvoir absolu sur Saint-Pierre.

Saint-Pierre avait déjà coûté deux cents millions.

Paul III mourut en 1549. Tant qu'il avait vécu, Michel-Ange avait été maître suprême. Jules III, son successeur, parut d'abord vouloir laisser à Michel-Ange cette même latitude qu'il avait ; mais un jour Michel-Ange reçut une citation pour paraître devant le nouveau pape.

Michel-Ange monta au Vatican; il trouva un tribunal qui l'attendait pour le juger.

— Michel-Ange, dit Jules III, nous t'avons fait venir pour que tu répondes à nos questions.

— Questionnez! dit Michel-Ange.

— Les intendants de Saint-Pierre prétendent que l'église sera obscure.

— Et lequel de ces imbéciles a dit cela?

— C'est moi! dit Marcel Cervino en se levant.

— Eh bien, monseigneur, dit Michel-Ange en se retournant vers le cardinal, qui bientôt devait être pape, sachez donc qu'outre la fenêtre que je viens de faire exécuter il y en aura encore trois autres dans la voûte, et que par conséquent il fera trois fois plus clair dans l'église qu'il ne fait maintenant.

— Alors pourquoi ne nous avez-vous pas dit cela? reprit Marcel Cervino.

— Parce que je ne suis obligé de communiquer mes plans ni à vous ni à aucun autre, répondit Michel-Ange. Votre affaire est de garantir votre argent des voleurs et de m'en donner quand j'en demande; la mienne est de bâtir l'église.

Puis, se tournant vers le pape :

— Saint-père, lui dit-il, vous savez que ma première condition en acceptant la direction de Saint-Pierre a été que je ne toucherais aucun traitement. Voyez quelles sont mes récompenses; si les persécutions que j'éprouve ne servent pas au salut de mon âme, convenez que je suis un grand fou de continuer une pareille besogne.

— Venez ici, mon fils, dit Jules III en se levant.

Michel-Ange alla au pape et s'agenouilla devant lui. Jules III lui imposa les mains.

— Mon fils, lui dit le pape, elles ne seront perdues ni pour votre âme ni pour votre corps; fiez-vous en à Dieu et à moi.

De ce jour, le crédit de Michel-Ange fut inébranlable.

Jules III mourut. Paul IV monta sur le trône pontifical.

La première idée du nouveau pape fut de faire gratter le *Jugement dernier*, dont les nus le révoltaient. Heureusement on fit entendre raison à Paul IV : il se contenta de faire demander à Michel-Ange de les voiler. — Allez dire au pape, répondit l'artiste, qu'il s'occupe un peu moins de réformer les peintures, ce qui se fait aisément; et un peu plus de réformer les hommes, ce qui est plus difficile.

Michel-Ange poursuivit son œuvre gigantesque pendant dix-sept ans. Pendant dix-sept ans toutes les facultés de cet immense génie furent concentrées sur un seul point, il est vrai que ce point était Saint-Pierre.

Le 17 février 1563, Michel-Ange mourut, laissant pour tout testament ces trois lignes :

« Je lègue mon âme à Dieu, mon corps à la terre et mes biens à mes plus proches parents. »*

Il était âgé de quatre-vingt-huit ans onze mois et quinze jours.

Sa maison est à Florence; non pas la maison où il est né, non pas la maison où il est mort, mais la maison dans laquelle il se réfugiait à chaque persécution nouvelle; la maison qui conserve ses ciseaux et sa palette, son maillet et ses pinceaux; la maison enfin où le visita Vittoria Colonna, cette autre Béatrix de cet autre Dante.

Cette maison, dont Michel-Ange a fait un temple et dont ses descendants ont fait un musée, est située via Ghibellina.

Elle est habitée par le cavalier Côme Buonarotti, président *del magestrato supremo* de Florence.

Maison de Dante.

Celle-ci n'a pas même une inscription : on m'a montré sur la porte une entaille qui attend une plaque de marbre.

Il est vrai qu'il n'y a guère que six siècles que Dante est mort.

Comme on le voit, il n'y a pas encore de temps de perdu.

Cette maison est située *via Ricciarda*, n° 632, proche de l'église San-Martino, en face de la tour de la Radia, appelée autrefois, sans qu'on ait pu deviner l'étymologie de ce nom, la tour de la Bouche-de-Fer.

De ces six hommes dont nous venons d'esquisser rapidement la biographie, qui naquirent, vécurent ou moururent à Florence, et dont les noms glorieux sont devenus l'héritage du monde, cinq ont été presque constamment calomniés, fugitifs ou proscrits.

Un seul fut toujours riche, toujours honoré, toujours heureux.

Cet homme c'est Améric Vespucci, qui vola l'Amérique à Christophe Colomb.

L'église de Santa-Croce.

Santa-Croce est le Panthéon de Florence; c'est là qu'elle honore, après leur mort, ceux qu'elle a proscrits pendant leur vie. C'est là qu'après l'agitation de l'exil ses grands hommes trouvent au moins le repos de la tombe.

Il y a bonne compagnie de morts à Santa-Croce, et peut-être aucune autre église du monde ne présenterait-elle l'équivalent de trois noms pareils à ceux de Dante, de Machiavel et de Galilée, sans compter ceux de Taddeo Gaddi, de Filicaja et d'Alfieri.

Sainte-Croix date du treizième siècle; c'est une de ces magnifiques montagnes de marbre sur lesquelles Arnolfo di Lasso, le grand architecte de la république, écrivait son nom.

Vers 1250, c'est-à-dire entre la naissance de Cimabuë et de Dante, les bourgeois, fatigués des insolences aristocratiques, s'y rassemblèrent un jour et résolurent de déposer le podestat. Ce qui fut dit fut fait. Le podestat fut déposé, et la république établie : les républiques étaient fort à la mode dans le treizième siècle.

Vue de l'extérieur, Santa-Croce présente un aspect assez médiocre. Sa façade, comme celles de la plupart des églises florentines, n'est point achevée et semble même plus fruste encore que les autres. Une fois qu'on a monté son perron et franchi son seuil, c'est autre chose : le vaste édifice s'offre à l'œil sombre, nu, austère, et tel qu'il convient au temple d'un Dieu mort sur la croix, et aux tombeaux d'hommes morts dans l'exil.

Le premier de ces tombeaux, à droite en entrant, est celui de Michel-Ange. Il représente la Peinture, la Sculpture et l'Architecture pleurant leur favori. Malheureusement, comme ces trois figures sont faites chacune par un artiste différent, la Peinture par Lorenzi, la Sculpture par Cioli et l'Architecture par Jean d'all Opera, que chaque artiste s'est occupé de l'effet particulier de sa statue et non de l'ensemble général, elles n'ont aucune liaison entre elles et ont l'air de ne pas se connaître.

Le buste de Michel-Ange surmonte la bière de marbre qui renferme ses os. Il n'y a rien à dire du buste; il n'est ni bon ni mauvais, il est ressemblant. Au reste, grâce au coup de poing dont Torregiani avait écrasé le nez du grand homme, il n'est pas permis à un buste et à un portrait de Michel-Ange de ne pas lui ressembler.

Aux deux côtés du buste sont les armes des Buonarotti; armes splendides qui portent à la fois les lis de la maison d'Anjou et les boules des Médicis.

Au-dessus du buste est un médaillon renfermant une fresque représentant le fameux groupe de Michel-Ange connu sous le nom de *la Piété*.

Comme nous l'avons dit, Michel-Ange mourut à Rome. Il en résulta que Florence faillit être veuve de son corps, comme elle l'était déjà de celui de Dante. Heureusement Côme Ier avait à Rome des émissaires adroits; ils volèrent le cadavre à Pie V qui ne voulait pas le rendre, et qui comptait le faire enterrer à Saint-Pierre.

Le second tombeau est celui de Dante. Pour celui-là, les Florentins furent moins heureux que pour celui de Michel-Ange. Le corps du sublime poète était trop bien gardé par Ravenne, il n'y eut pas moyen de le voler; ce fut la punition de Florence, *mater parvi amoris*, comme le disait lui-même le pauvre exilé.

Ce monument avait été décrété en 1396; il a été exécuté en 1812 ou 14, je ne sais plus trop bien. Il représente Dante assis et rêvant quelque terrible épisode de son terrible poème, et pour toute épitaphe ces trois mots :

ONORATE L'ALTISSIMO POETA.

Je ne dirai rien comme art du monument.

Je crois que l'architecte vit encore. Seulement j'aimerais mieux qu'il eût été exécuté par Michel-Ange, comme Michel-Ange s'y était offert (1).

Le troisième tombeau est celui d'Alfieri. Contre son intention, à l'épitaphe faite par lui-même, et qui avait au moins l'avantage de donner une idée de son bizarre caractère, une épitaphe pleine d'innocence a été substituée. La voici :

VITTORIO ALFERIO STENSI
ALOISIA, E PRINCIPIBUS STOLBERGIS,
ALBANIÆ COMITISSA.
M. P. C. AN. MDCCCX.

Le monument est de Canova, et par conséquent passe pour un chef-d'œuvre. Cepen-

---

(1) En 1519, les Florentins supplièrent Léon X de leur rendre le corps de Dante. Une pétition fut adressée au pape à ce sujet; et au nombre des signatures était celle de Michel Ange, accompagnée de cette apostille :

« Io MichelAngelo scultore il medesimo a Vostra Santità supplico, offerendomi al divin poeta fare la sepultura sua condecente e in loco onorevole in questa città.

« MICHEL ANGELO. »

dant il y aurait peut-être bien quelque chose à dire sur la statue qui pleure. Cette statue représente l'Italie, et l'Italie d'Alfieri, du moins celle qu'il rêvait dans ses désirs ardents de liberté ; cette Italie, la mère des Scipions et des Capponi, doit pleurer comme une déesse et non comme une femme.

Le quatrième tombeau est celui de Machiavel. Celui-là aussi est moderne. Les os de l'auteur de la *Mandragore*, des *Décades de Tite-Live* et du *Prince* restèrent près de trois cents ans sans obtenir les honneurs du monument. Enfin, en 1787, on avisa que c'était un peu ingrat que d'agir ainsi, et l'on ouvrit une souscription approuvée par le grand-duc Léopold. Il est vrai que de mauvaises langues disent que cette idée, toute simple qu'elle est, ne vint point aux compatriotes du grand homme, mais bien à lord Nassau Clavering, comte Cooper, éditeur des œuvres de Machiavel. Il est vrai que ces diables d'Anglais sont si orgueilleux que ce pourrait bien être eux qui firent courir ce bruit. Le fait est que le nom du noble pair se trouvait en tête de la liste.

Il n'y a que deux bonnes choses dans le monument : la plume qui, posée dans la balance, emporte le pic; et l'épitaphe, réparation tardive de la postérité,

Tanto nomini nullum par elogium.

Les armes de Machiavel étaient la croix et les clous de notre Seigneur.

Après avoir vu le tombeau d'Alfieri, on est curieux de visiter celui de la comtesse d'Albany, qu'on sait être enterrée dans la même église. Celui-ci est plus difficile à trouver, et il faut l'aller chercher dans la chapelle de la Cène. Comme celui d'Alfieri, il est veuf de l'épitaphe qui lui était destinée.

En traversant l'église dans toute sa largeur, on se trouve en face du tombeau de l'Arétin; non pas de cet Arétin qui pesait la chaîne de Charles-Quint au poids de la sottise qu'elle était destinée à faire oublier, mais d'un autre Arétin, lettré, historien et quelque peu poète, mais poète chaste, historien honnête, et lettré plein de convenance : ce qui n'a pas empêché madame de Staël, à la grande indignation de son ombre, de le confondre avec son cynique homonyme.

Après le tombeau de Léonard Bruni l'Arétin, en revenant du chœur à la porte, est le monument de Galilée, placé juste en face de celui de Michel-Ange mort deux jours avant la naissance de l'illustre mathématicien. Le malheur qui avait poursuivi Galilée pendant sa vie ne l'abandonna point après sa mort. Son mausolée est un des plus mauvais qui soient à Santa-Croce, où cependant il y en a de bien mauvais.

Une chose remarquable, et qui peut-être n'a frappé personne, c'est que le buste de l'illustre trépassé est placé en quelque sorte entre deux blasons : celui qu'il s'est fait lui-même et celui qu'il a reçu de sa famille, celui qu'il a dérobé au ciel et celui que ses aïeux lui ont légué. Au-dessous du buste, tournent dans un médaillon d'azur les étoiles d'or des Médicis; au-dessus du buste, se dresse sur écu d'or l'échelle de gueules des Galilei.

En faisant quelques pas encore, et en l'allant chercher derrière la porte où il se cache, est le tombeau de Filicaja, célèbre jurisconsulte, mais moins connu peut-être par ses études sur le droit que par son sonnet sur l'Italie.

En face de lui et de l'autre côté, se dérobe avec non moins de modestie, le tombeau de Philippe Buonarotti, mort en 1733. C'était de son temps un fort grand homme, fort oublié aujourd'hui, auquel le voisinage de son grand-oncle porte quelque préjudice; cela n'empêcha point que ses contemporains ne lui décernassent une médaille avec cet exergue:

Quem nulla æquaverit ætas.

Il est vrai qu'il était auteur de soixante volumes manuscrits qui ne furent jamais imprimés.

Il n'y a si bonne compagnie où ne parvienne à se glisser quelque vilain. C'est ce qui arrive malheureusement à Santa-Croce. Près du mausolée de Machiavel s'élève celui de Nardini.

Qu'est-ce que Nardini? me direz-vous.

— Nardini est un charmant joueur de violon, qui exécutait toute une valse sur la chanterelle, et dont le voisinage, comme on le comprend bien, doit fort réjouir l'ex-ambassadeur de Florence près de César Borgia, pour peu que de son vivant il ait eu le goût de la musique.

Maintenant, arrêtons-nous un instant à un fait assez curieux :

Près de la colonne qui soutient un des deux bénitiers, on lit, à demi-rongé par le temps, le nom de :

BUONAPARTE.

Sans doute ce nom faisait partie d'une inscription qui indiquait ce que c'était que celui qui dormait sous cette pierre. Mais tous les autres mots ont été effacés, et ce nom seul, à peine visible qu'il est aujourd'hui, ne peut guider le curieux à la recherche de l'identité de celui qu'il désigne.

C'était un aïeul de Napoléon, voilà tout ce qu'on en sait. Quand est-il né, quand est-il mort, qu'a-t-il fait de bien ou de mal entre le jour où il ouvrit les yeux et celui où il les ferma, on l'ignore.

A l'autre extrémité de l'église, dans une modeste chapelle faisant face à la porte d'entrée, s'élève un tombeau.

Ce tombeau est tout moderne, le marbre en est sculpté d'hier; et on y lit cette épitaphe :

Ici repose Charlotte Napoléon-Bonaparte

Digne de son nom,

Née à Paris, le 31 octobre 1802.

1839 ✠.

Celle-ci, on sait qui elle est. C'est la fille de

Joseph Napoléon, deux fois roi de deux royaumes; c'est cette charmante princesse Charlotte que la France n'a point connue, et que Florence a pleurée comme si elle était sa fille.

L'histoire du monde est renfermée entre ces deux tombeaux, sur chacun desquels est écrit le nom de Bonaparte.

Il y a encore à Santa-Croce beaucoup de choses à voir.

Il y a un Crucifix et une Vierge couronnée de la main du Christ, par le Giotto.

Il y a une Madone de Lucca de la Robbia.

Il y a une Annonciation de Donatello.

Il y a les fresques de Taddée Gaddi.

Il y a la chapelle des Nicolini, chef-d'œuvre de Volterrano.

Il y a enfin, au-dessus de la grande porte de la façade, une statue en bronze représentant un saint Louis, qu'il ne faut pas confondre avec le grand roi.

Ce saint Louis est un autre saint Louis fort connu au ciel, mais fort ignoré sur la terre, et qui était tout bonnement évêque de Toulouse.

CHAPITRE V.

SAINT-MARC.

En sortant de Sainte-Croix, on se trouve à deux pas de Saint-Marc. D'une église à un couvent la transition est facile; nous prions donc le lecteur de nous y suivre.

La première chose qui frappe la vue en entrant sur la place, est une énorme colonne de marbre rompue en trois morceaux. Cette colonne a son histoire, ses jours de gloire, ses jours de revers; elle a été tour à tour debout et couchée; elle s'est relevée trois fois, elle est retombée trois fois.

Le grand-duc Côme avait déjà fait dresser

deux colonnes dans sa bonne ville de Florence : l'une en face de l'église de la Sainte-Trinité, en mémoire de la prise de Sienne; l'autre sur la place de Saint-Félix, en souvenir de la victoire de San-Marciano. Côme était pareil aux dieux, le nombre trois lui était agréable; il résolut d'élever une troisième colonne sur la place de Saint-Marc, en face de Via-Larga : mais le destin en avait décidé autrement ; les pierres ont aussi leur étoile.

En attendant les événements cachés dans l'avenir, l'énorme cylindre de marbre, tiré des carrières de Seraversa, n'en fit pas moins son entrée triomphale à Florence le 27 septembre 1572, et avait trois brasses et demie de diamètre et vingt de hauteur. Pour un monolithe européen c'était fort raisonnable, comme on le voit.

La colonne fut conduite à sa destination ; on la coucha provisoirement sur des travées de bois, où elle attendit, avec la patience de la sécurité, le moment de son érection, qu'elle regardait comme prochaine et surtout comme assurée. Elle faisait donc des rêves d'or, lorsque Côme mourut.

La mort de Côme était un grand événement qui faisait évanouir bien d'autres rêves que ceux de la pauvre colonne : mais les hommes, au moins, avaient pour eux le mouvement; ils se tournèrent vers le nouveau soleil, et le nouveau soleil les éclaira. Il n'en fut pas de même du malheureux monolithe : condamné à l'immobilité, cette immobilité fut taxée d'opposition; il demeura dans l'ombre et fut oublié.

Les choses demeurèrent ainsi pendant quelque temps; mais un jour que le nouveau grand-duc passait sur la place de Saint-Marc, la belle Bianca Cappello, qui l'accompagnait, lui rappela que c'était sur cette place qu'elle l'avait vu pour la première fois, et lui demanda s'il ne l'aimait point assez pour éterniser ce souvenir par un monument quelconque. Francesco Ier avait sous la main la chose demandée; il étendit le doigt vers la colonne, et, parodiant les belles paroles du Sauveur à

Lazare, il dit, comme le Christ : « Lève-toi. »

Malheureusement Francesco Ier n'avait pas, comme le fils de Marie, le don de faire des miracles : pour que la colonne se levât, il fallait procéder par des moyens humains. On fit venir un architecte; on lui transmit l'ordre donné. Cet architecte était Pietro Tacca, élève et successeur de Jean de Bologne; il se mit à l'œuvre, et, cinq ou six mois après, la base en forme de dé était prête, et la colonne, se soulevant sur ses travées, se regardait comme déjà dressée, méprisant d'avance toute ligne qui n'était pas la perpendiculaire.

Mais l'homme propose et Dieu dispose, comme dit le proverbe. Sur ces entrefaites Jeanne d'Autriche mourut.

On sait quelle réaction cette mort opéra dans l'esprit du faible et vacillant Francesco; il jura au lit d'agonie de sa femme de se séparer de sa maîtresse, et, pour que sa conversion fût visible aux yeux de tous, il voulut que la colonne destinée à perpétuer d'abord les commencements de cet amour fût le monument expiatoire qui en signalât la fin. Il ordonna donc que la colonne fût dressée à l'endroit où elle devait l'être, mais il décida qu'elle serait surmontée par une statue de Jeanne d'Autriche.

Tacca reçut donc l'ordre d'abandonner la colonne pour se mettre à la statue. Le monolithe, qui n'avait point pris parti entre Jeanne d'Autriche et Bianca Cappello, et à qui peu importait la chose qu'il supporterait pourvu qu'il supportât quelque chose, prit patience et attendit que la statue fût exécutée.

Mais, pendant que la statue s'exécutait, un des étais de bois qui soutenaient la colonne s'était pourri à l'humidité. Personne ne s'en était aperçu que le pauvre monolithe qui sentait bien qu'un de ses soutiens lui manquait; or, comme ce soutien était justement celui du milieu, on trouva un beau matin la colonne rompue; elle avait craqué pendant la nuit.

Cet accident arrivait à merveille : Francesco I*' venait de reprendre Bianca Capello dont il était plus amoureux que jamais, et qu'il songeait sérieusement à faire grande-duchesse; il se hâta donc d'en profiter. La statue de Jeanne d'Autriche, devenue l'image de la statue de la ......, fut transportée au jardin Boboli, derrière le Palais-Royal et proche du cavalier. La colonne fut enterrée, et le dé resta seul debout.

Or comme, quelque cent ans après, ce dé gênait l'entrée de l'épouse de Côme III, madame Louise d'Orléans, ce dé, à cette époque, disparut lui-même à son tour.

Le malheureux marbre était mort et enterré, personne ne pensait plus à lui, et, selon toute probabilité, lui-même ne pensait plus à personne, lorsque la grande-duchesse, que l'on croyait stérile, se déclara un beau matin enceinte. Or, comme cet événement avait tous les caractères d'un miracle, le grand-duc voulut savoir à quel saint il était redevable d'un héritier : la grande-duchesse répondit que ne sachant plus à qui s'adresser, et désespérant comme son auguste époux de jamais donner un héritier au trône florentin, elle s'était adressée à saint Antonio, qui, étant un saint de nouvelle date, avait besoin d'établir son crédit par quelque miracle aussi incroyable qu'incontesté. Saint Antonio avait profité de l'occasion, et, selon les paroles de l'Évangile, il avait prouvé, en accordant à la grande-duchesse la demande qu'elle lui avait faite, que les derniers étaient les premiers.

Comme Florence est, en matière matrimoniale surtout, le pays de la foi, non-seulement tout le monde se contenta de cette raison, mais encore elle eut un tel succès, qu'il se fit par toute la cité une grande recrudescence de dévotion à saint Antonio. Un prêtre, nommé Felizio Pizziche, profita aussitôt de ce mouvement, et proposa, à la fin d'un sermon tout à la louange du bienheureux dominicain, d'élever un monument qui constatât le miracle qu'il venait d'opérer. Cette motion fut reçue avec enthousiasme. On discuta, séance tenante, sur la forme et la matière de ce monument. Le prêtre se souvint de la colonne ensevelie, rappela aux citoyens que Dieu l'avait sauvée de tout usage profane, parce qu'il la réservait sans doute à cette pieuse destination. La prédestination de l'ex-monolithe était si évidente, que chacun fut de l'avis du prêtre. On courut à l'endroit où il avait été enseveli; on l'exhuma; on releva une nouvelle base sur les fondements de l'ancienne; on prépara les bas-reliefs qui devaient l'entourer; on dégrossit la statue du saint qui devait la surmonter. Chacun se mit à l'œuvre, et les choses allaient un train qui permettait de croire que pour cette fois rien ne changerait l'avenir de la colonne, lorsque tout à coup certains bruits relatifs à un jeune prince de Lorraine, qui était venu faire une visite à la belle archiduchesse, s'étant répandus, la souscription destinée au monument se tarit tout à coup, et avec elle l'ardeur des artistes. L'ouvrage commencé fut donc interrompu par absence de fonds, la pire de toutes les absences, et la colonne et la base continuèrent à se regarder, l'une couchée, l'autre debout.

La base fut démolie en 1738, et ses matériaux employés à la construction de l'arc de triomphe élevé en l'honneur de la maison de Lorraine, en dehors de la porte San-Gallo.

Quant à la colonne, qui gênait la circulation, elle fut réenterrée en 1757.

Mais quelque vingt ans après arriva le grand-duc Léopold, lequel montait sur le trône avec de grandes idées d'embellissement pour la ville de Florence. Il avait vaguement entendu raconter l'histoire de la colonne; il se fit faire un rapport à son endroit : il apprit qu'elle n'était rompue qu'à une seule place; il s'assura que, réunie par des crampons de fer, cette rupture ne nuirait en rien à la solidité de l'ex-monolithe, il ordonna qu'elle fût exhumée : la colonne revit le jour.

Mais à peine le projet des architectes était-il arrêté sur le papier, que les premiers mouvements révolutionnaires éclatèrent en Europe. Ce n'est pas pendant les tremblements de terre qu'il fait bon de dresser des obélisques ; aussi la pauvre colonne fut-elle oubliée de nouveau, et si bien oubliée, que cette fois on ne pensa plus même à la faire enterrer.

Depuis ce temps, non-seulement elle a perdu tout espoir de se retrouver jamais debout, mais encore elle est privée de la paix de la tombe : pareille à ces âmes indigentes qui ne peuvent pas même passer le Styx, faute d'une obole à donner à Caron.

Que le curieux jette donc en passant un regard sur cette colonne qui, après avoir eu une existence si agitée, a maintenant une mort si misérable ; puis, qu'après un regret accordé à cette grande infortune, il entre au couvent.

C'est avant une heure seulement qu'on peut visiter Saint-Marc-al-Tocco, comme on dit à Florence. Les bons dominicains dînent, et quand ils dînent les moines ne se dérangent pas, chose qui me paraît fort juste, au reste, et qu'on ne s'avise de leur reprocher que parce qu'ils sont moines.

On entre à Saint-Marc par un portique incrusté d'inscriptions et décoré de tombeaux. Un concierge vient vous ouvrir : c'est le cicérone du couvent.

La première porte franchie, on se trouve dans le cloître : c'est un carré parfait, tout couvert, dans sa partie supérieure, de fresques du Poccetti et du Passignano, et dans sa partie inférieure, d'inscriptions tumulaires.

Au milieu de ces inscriptions est un immense tableau représentant la mort d'un jeune homme étendu sur son lit ; au chevet du lit est un homme qui pleure, au pied du lit est une jeune fille qui s'arrache les cheveux ; dans le lointain, sont deux figures ailées qui remontent au ciel.

Ce jeune homme qui expire, c'est Ulisse Tacchinardi ; cet homme qui pleure, c'est Tacchinardi père ; cette jeune fille qui s'arrache les cheveux, c'est madame Persiani ; enfin, ces deux figures ailées, c'est l'ange de la mort qui remonte au ciel, entraînant avec lui le génie de la musique.

Tout cela est peut-être fort beau comme pensée, mais c'est bien exécrable comme peinture.

Sans compter que c'est un peu bien hardi que de faire de la fresque sur les mêmes murs où en ont fait le Passignano, Poccetti, Beato Angelico et fra Bartolomeo.

J'éprouvai d'abord quelque étonnement de voir un chanteur enterré à Saint-Marc. Je demandai à mon cicérone ce qui avait mérité au pauvre Ulisse Tacchinardi ce grand honneur. Il me répondit que la famille avait payé 25 écus. Voilà tout.

En effet, moyennant 25 écus, tout catholique a droit de se faire enterrer au couvent de Saint-Marc. Comme on le voit, c'est pour rien ; et tout ce qui m'étonne, c'est que le terrain puisse y suffire : ce qui n'arriverait certainement pas si chaque mort se réservait une place aussi exorbitante que celle qu'a prise, pour l'exécution de son tableau, il signor Gazzanini.

Les deux grands souvenirs du couvent de Saint-Marc se rattachent à la mémoire de Beato Angelico et de Jérôme Savonarole.

L'un y a conservé la réputation d'un saint, l'autre y est regardé comme un martyr.

Il y a bien aussi un certain Antonio qui fut canonisé vers 1465 ; mais personne n'y pense, et on n'en parle aux curieux que pour mention.

Nous possédons au Musée de Paris un des tableaux de Beato Angelico, qu'on a relégué, je ne sais pourquoi, dans la salle des dessins où personne ne va, et qui représente le *Couronnement de la Vierge*, l'un des sujets favoris du pieux artiste : c'est tout bonnement un chef-d'œuvre.

Beato Angelico est le chef de l'école idéaliste. Chez lui, rien ne se rattache à la terre : toutes les femmes sont des vierges, tous les enfants des anges : forcé de peindre sans modèle, ses créations sont des rêves de son extase.

Le dessin y perd sans doute; mais le sentiment y gagne.

Aussi la peinture de Beato Angelico est-elle de cette peinture qu'il ne faut pas juger, mais sentir : quiconque ne tombe pas à genoux devant elle est tout prêt à hausser les épaules en lui tournant le dos.

Devant un jury de peintres, ses tableaux ne seraient probablement pas admis à l'exposition.

Si j'étais roi, j'en recueillerais tout ce qu'il me serait possible d'acheter; je leur ferais faire des cadres d'or, et j'en tapisserais ma chapelle.

Beato Angelico fut appelé deux fois à Rome par deux papes; l'un voulait le faire cardinal, l'autre saint : il refusa le cardinalat et la canonisation, et revint s'enfermer dans son pauvre couvent de Saint-Marc, dont il couvrait les parois de peinture.

Aussi on trouve partout de merveilleuses fresques : sur les escaliers, dans les corridors, dans les cellules. Sa composition, toujours simple et toujours pieuse, achevée, le moine sublime s'arrêtait où il se trouvait, prenait ses pinceaux, et collait une page de l'Évangile sur la muraille.

Le lieu ne lui importait guère : il ne cherchait ni le jour, ni la publicité. Dieu voyait son œuvre, voilà tout.

Il y a dans un corridor obscur une *Visitation de la Madone*, qu'on ne peu distinguer qu'avec des lumières.

Il y a en face d'un escalier sombre une ravissante *Annonciation de la Vierge* que le jour n'a jamais éclairée.

Puis, dans toutes les cellules des moines, où personne ne va, il y a des *Couronnements de Madone*, des *Jésus au Calvaire*, des *Madeleines pleurant*, des *Martyrs mourant sur la terre*, des *Saints montant au ciel*.

On m'a montré une tombe du Christ, et,

dans un coin du tableau, un saint vu à mi-corps, qu'on assure être le portrait de Beato Angelico. Qu'on ne s'y laisse pas tromper, c'est impossible; l'humble moine ne se serait pas ceint le front d'une auréole.

Mais, de toutes ces peintures, la plus magnifique, c'est l'*Évanouissement de la Vierge* qui se trouve dans la salle du chapitre : au dernier cri poussé par Jésus sur la croix, la Vierge s'évanouit. Sainte Madeleine, à genoux devant elle, la retient en l'entourant de ses deux bras; saint Jean, son second fils, la reçoit dans les siens. C'est merveilleux.

Je n'ai jamais vu de têtes dont le souvenir me soit resté dans la mémoire aussi complet que j'ai gardé celui de la Vierge : c'est le désespoir de la mère combattu par la résignation de la sainte. La femme succombe dans le combat : l'espérance de l'avenir ne peut compenser la douleur du présent.

Beato Angelico a eu bien raison de refuser

le canonicat; quand on fait de pareils tableaux, on est saint de droit.

Croirait-on qu'au milieu de toutes ces cellules que Beato Angelico a couvertes de chefs-d'œuvre on a oublié quelle était la sienne?

Puis vient Savonarole : après l'art, la liberté; après le saint, le martyr.

Nous rencontrâmes dans le cloître un beau moine qui s'en allait rêvant, et à qui sa longue robe blanche donnait l'aspect d'un fantôme. Mon cicérone, sans même se donner la peine d'aller à lui, lui fit un signe de familiarité qui me blessa. Le moine, sans faire attention à cette inconvenance, vint aussitôt.

Ce moine était peintre comme Beato Angelico; mais malheureusement, comme on a oublié ce qu'est devenue sa cellule, il n'a retrouvé ni ses palettes ni ses pinceaux.

Le cicérone l'appelait pour qu'il nous montrât la cellule de Savonarole.

Cette cellule est située en retour d'un grand corridor; on y arrive par l'atelier du moine peintre : cet atelier était autrefois une chapelle.

La cellule de Savonarole donne bien l'idée du caractère du réformateur qui l'a habitée : c'est une petite chambre de douze pieds carrés à peine, dans laquelle il ne reste aucun meuble, aucune peinture; rien que les quatre murailles blanches, éclairées par une étroite et basse fenêtre à petits carreaux garnis de plomb.

C'est là que le républicain se réfugiait chaque fois que Laurent de Médicis mettait le pied dans le couvent; c'est là que le poursuivirent les excommunications d'Alexandre VI; c'est là qu'il était en prière quand la foule vint le chercher pour le conduire à l'échafaud.

Depuis Savonarole, personne ne s'est jugé digne de demeurer dans la même chambre que lui. Sa cellule est restée vide.

Nous descendîmes de la cellule de Savonarole dans la Sacristie. C'est là que l'on conserve comme des reliques quelques objets sanctifiés par son supplice.

Ces objets, à chacun desquels pend un sceau qui atteste son identité, sont :

1° *Le pallium ou la cape du révérend père Jérôme* (1);

2° *La tunique qu'il dévêtit au moment où il monta sur l'échafaud;*

3° *Le cilice du même révérend père Jérôme;*

4° *Un autre cilice du même;*

5° *Enfin un morceau du bois de la potence à laquelle il fut attaché.*

Tous ces objets sont gardés parmi les objets sacrés.

(1) Ces différents objets sont désignés par des étiquettes pendant au sceau et écrites en langue latine. Les voici dans le même ordre que je les reproduis traduites en français :

1° *Pallium sive cappa reverendissimi P. F. Hieronymi;*
2° *Lucinella ejusdem quâ utebatur priusquàm ad patibulum caperetur;*
3° *Cilicium ejusdem venerandi patris Hieronymi;*
4° *Aliud cilicium ejusdem;*
5° *Lignum patibuli ejusdem.*

Les Anglais, qui croient que tout s'achète, en ont offert des sommes énormes, qui ont été refusées par les moines.

Car c'est non seulement un souvenir personnel aux dominicains de Saint-Marc; c'est un saint dépôt confié par la ville tout entière au vieux couvent du quinzième siècle.

Toute l'histoire de la chute de Florence est là : trois ans après la mort de Savonarole, Charles VIII; trente-cinq ans après Charles VIII, Cosme Ier.

Savonarole avait prédit l'un et l'autre; et peut-être, s'il eût vécu, Charles VIII n'eût-il jamais été roi de Naples, et Cosme Ier n'eût-il jamais été grand-duc de Florence.

FIN DU PREMIER VOLUME.

TABLE DES CHAPITRES.

Chap. Ier. Les fêtes de la Saint-Jean à Florence 1

II. Le palais Pitti. 61

III. L'Arno 121

IV. Visites domiciliaires. — Maison d'Alfieri. — Maisons de Benvenuto Cellini.—Maison d'Améric Vespuce. — Maison de Galilée. — Maison de Machiavel. — Maison de Michel-Ange.—Maison de Dante.—L'église de Santa-Croce 153

V. Saint-Marc. 259

www.ingramcontent.com/pod-product-compliance
Lightning Source LLC
Chambersburg PA
CBHW060330170426
43202CB00014B/2729